KB072483

독자의 1초를
아껴주는 정성을
만나보세요!

세상이 아무리 바쁘게 돌아가더라도 책까지 아무렇게나 빨리 만들 수는 없습니다.

인스턴트 식품 같은 책보다 오래 익힌 술이나 장맛이 밴 책을 만들고 싶습니다.

땀 흘리며 일하는 당신을 위해 한 권 한 권 마음을 다해 만들겠습니다.

마지막 페이지에서 만날 새로운 당신을 위해 더 나은 길을 준비하겠습니다.

유튜브
애니메이션 무작정 따라하기

with 포토샵 + 애프터 이펙트

난희(표지희), 저녁(임정혁) 지음

길벗

유튜브 애니메이션 무작정 따라하기 with 포토샵+애프터 이펙트

The Cakewalk series-Youtube Animation with Photoshop+Affer Effect

초판 발행 • 2021년 9월 30일

지은이 • 표지희, 임정혁
발행인 • 이종원
발행처 • (주)도서출판 길벗
출판사 등록일 • 1990년 12월 24일
주소 • 서울시 마포구 월드컵로 10길 56(서교동)
대표 전화 • 02)332-0931 | **팩스** • 02)323-0586
홈페이지 • www.gilbut.co.kr | **이메일** • gilbut@gilbut.co.kr

기획 및 책임편집 • 안윤주(anyj@gilbut.co.kr) | **디자인** • 장기춘 | **제작** • 이준호, 손일순, 이진혁
영업마케팅 • 임태호, 전선하, 차명환 | **영업관리** • 김명자 | **독자지원** • 송혜란, 윤정아

편집진행 • 방세근 | **전산편집** • 이기숙 | **CTP 출력 및 인쇄** • 벽호 | **제본** • 벽호

▶ 잘못된 책은 구입한 서점에서 바꿔 드립니다.
▶ 이 책은 저작권법에 따라 보호받는 저작물이므로 무단전재와 무단복제를 금합니다.
   이 책의 전부 또는 일부를 이용하려면 반드시 사전에 저작권자와 ㈜도서출판 길벗의 서면 동의를 받아야 합니다.

© 표지희, 임정혁, 2021

ISBN 979-11-6521-690-0 03000
(길벗 도서번호 007106)

정가 22,000원

독자의 1초를 아껴주는 정성 길벗출판사

길벗 | IT실용서, IT/일반 수험서, IT전문서, 경제실용서, 취미실용서, 건강실용서, 자녀교육서
더퀘스트 | 인문교양서, 비즈니스서
길벗이지톡 | 어학단행본, 어학수험서
길벗스쿨 | 국어학습서, 수학학습서, 유아학습서, 어학학습서, 어린이교양서, 교과서

네이버 포스트 • post.naver.com/gilbutzigy

유튜브 1인 1채널의 시대가 도래했습니다. 많은 이들이 유튜브를 시작하고, 영상을 통해 자신의 매력과 개성을 마음껏 뽐내고 있습니다. 여러분은 어떤 채널을 운영하고 싶으신가요?

일상을 담은 Vlog(브이로그) 유튜버, 이슈를 전하는 이슈 유튜버, 나만의 노하우를 세상에 알리는 지식 유튜버, 재미있는 애니메이션을 올리는 애니메이션 유튜버?

저는 이 중에서 아직 생소하지만 가장 성장 가능성이 높은 '애니메이션 유튜버'를 추천하고 싶습니다.

유튜브 애니메이션이란, 유튜브 채널에 업로드되는 애니메이션 영상을 의미합니다. 사람이 등장하는 인물 중심의 유튜브 생태계에서 가상의 캐릭터가 나온다는 것만으로도 신선함을 느끼게 해줍니다. 2018년부터는 애니메이션을 업로드하는 채널들이 다양하게 생겨났고, 특유의 유니크한 감성으로 많은 구독자들을 매료시켰습니다.

흥미로운 스토리와 익살스러운 더빙으로 재미를 주는 스토리 애니메이션 채널, 궁금했던 정보와 지식들을 알려주는 지식/정보 애니메이션 채널, 사람 대신 캐릭터가 등장하는 버추얼 유튜버 채널 등. 애니메이션이 한 장르에 국한되지 않고, 다양한 방식으로 영상 속에 적용되고 있습니다. 완성된 애니메이션 영상을 유튜브 뿐만이 아닌 인스타그램 릴스, 틱톡과 같은 숏폼 영상 채널에 업로드할 수도 있습니다.

'유튜브 애니메이션 무작정 따라하기'는 그동안 멀게만 느껴졌던 '애니메이션'을 직접 만들 수 있도록 도움을 주는 길라잡이 책입니다. 딱딱한 애니메이션 이론과 진입장벽을 높이는 어려운 기술 설명 파트는 모두 뺐습니다. 이 책은 기본에 충실하며, 지금 여러분이 상상한 그림을 바로 움직여서 영상 파일로 저장할 수 있도록 하는 아주 쉽고 간단한 예제들만 담았습니다. 놀랍게도 이 정도 기술만 있어도 모든 형태의 애니메이션 제작이 가능합니다. 모든 예제는 저작권이 없으며, 완성한 영상을 유튜브 채널에 직접 업로드하여 수익을 창출할 수 있습니다.

이 책을 통해 여러분이 그동안 상상만 했던 애니메이션을 직접 만들어보고, 더 나아가 1만, 10만, 100만 유튜버의 꿈을 달성하시길 바랍니다.

저자 난희, 저녁

유튜브 애니메이션을 기획하는 방법을 알아보고 애니메이션 제작에 필요한 포토샵과 애프터 이펙트의 핵심 기능을 배운 후 다양한 객체와 캐릭터 애니메이션, 배경과 화면 전환 효과 등을 만들어 봅니다.

01 유튜브 애니메이션 기획과 툴 알아보기

유튜브 애니메이션이란 무엇인지 알아보고 유튜브 애니메이션 기획을 위한 아이디어 스케치와 스토리보드를 작성해본다. 유튜브 애니메이션에 꼭 필요한 포토샵/애프터 이펙트 기초&핵심 기능을 알아본다.

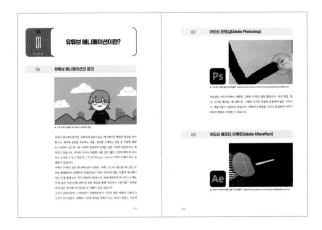

02 애니메이션을 만들고 유튜브에 업로드하기

포토샵과 애프터 이펙트로 완성한 애니메이션 객체, 배경 등의 소스들을 자연스럽게 연결하고 사운드와 자막을 넣는 방법을 소개한다. 그리고 애니메이션을 완성한 후 유튜브 채널에 업로드하는 방법을 설명한다.

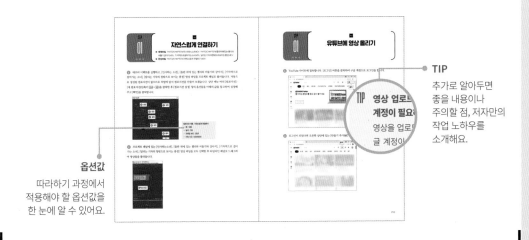

TIP

추가로 알아두면 좋을 내용이나 주의할 점, 저자만의 작업 노하우를 소개해요.

옵션값

따라하기 과정에서 적용해야 할 옵션값을 한 눈에 알 수 있어요.

03 다양한 효과로 유튜브 애니메이션의 완성도 높이기

말랑말랑한 젤리부터 비둘기, 강아지, 소년/소녀, 기차 등을 만들어보고 단색, 그러데이션, 일러스트 등의 다양한 배경을
만드는 방법을 배워본다. 페이드, 밀어내기, 확대/축소 등을 이용해 화면 전환 애니메이션을 완성한다.

예제 미리보기
실습할 예제를
QR코드를 통해
먼저 확인해 보세요.

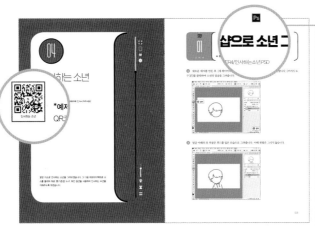

실습 프로그램
포토샵과
애프터 이펙트 중
예제에 사용되는
프로그램을
알 수 있어요.

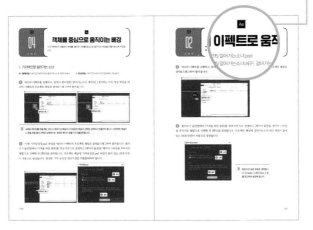

목차

유튜브 애니메이션 시작하기

Chapter 1 : 유튜브 애니메이션이란?

1-1 유튜브 애니메이션이란?   ⋯ 015
1-2 유튜브 애니메이션 제작에 필요한 프로그램   ⋯ 025
1-3 유튜브 애니메이션 제작에 필요한 도구   ⋯ 030

Chapter 2 : 유튜브 애니메이션 기획하기

2-1 유튜브 애니메이션의 유형 알아보기   ⋯ 039
2-2 콘티와 스토리보드 작성하기   ⋯ 045

Chapter 3 : 프로그램 화면 둘러보기

3-1 포토샵 화면 둘러보기   ⋯ 049
3-2 애프터 이펙트 화면 둘러보기   ⋯ 053

객체와 캐릭터 애니메이션

Chapter 1 : 말랑말랑 젤리

Ps 1-1 포토샵으로 젤리 그리기 ··· 071

Ae 1-2 애프터 이펙트로 움직이기 ··· 082

Chapter 2 : 먹이를 쪼아 먹는 비둘기

Ps 2-1 포토샵으로 비둘기 그리기 ··· 095

Ae 2-2 애프터 이펙트로 움직이기 ··· 100

Chapter 3 : 메롱하는 강아지

Ps 3-1 포토샵으로 강아지 그리기 ··· 109

Ae 3-2 애프터 이펙트로 움직이기 ··· 115

Chapter 4 : 인사하는 소년

Ps 4-1 포토샵으로 소년 그리기 ··· 125

Ae 4-2 애프터 이펙트로 움직이기 ··· 131

Chapter 5 : 걸어가는 소녀

Ps 5-1 포토샵으로 소녀 그리기 ··· 139

Ae 5-2 애프터 이펙트로 움직이기 ··· 143

목차

Chapter 6 : 대화하는 자매

Ps 6-1 포토샵으로 자매 그리기 ··· 161

Ae 6-2 애프터 이펙트로 움직이기 ··· 170

Chapter 7 : 정차하는 기차

Ps 7-1 포토샵으로 기차 그리기 ··· 195

Ae 7-2 애프터 이펙트로 움직이기 ··· 202

예제 파일 사용하기
예제 및 완성 파일은 길벗 홈페이지에서 다운로드할 수 있습니다. 검색창에 도서 이름
을 입력하여 해당 도서를 검색할 수 있습니다.

03 배경과 화면 전환 애니메이션

Chapter 1 : 배경

Ae 1-1 단색 배경 ⋯ 211

Ae 1-2 그라데이션 배경 ⋯ 213

Ps 1-3 일러스트 배경 ⋯ 217

 1-3-1 들판 ⋯ 217

 1-3-2 기차 승강장 ⋯ 219

 1-3-3 기차 안 ⋯ 224

 1-3-4 산과 구름과 나무가 있는 풍경 ⋯ 231

Ae 1-4 객체를 중심으로 움직이는 배경 ⋯ 238

 1-4-1 기차역으로 걸어가는 소녀 ⋯ 238

 1-4-2 달리는 기차의 창밖으로 보이는 풍경 ⋯ 244

Ae 1-5 넓은 배경을 이용한 카메라 무빙 ⋯ 250

 1-5-1 들판 위에 있는 젤리와 비둘기와 강아지 ⋯ 250

Chapter 2 : 화면 전환 애니메이션

Ae 2-1 페이드 ⋯ 261

Ae 2-2 밀어내기 ⋯ 263

Ae 2-3 확대/축소 ⋯ 265

Ae 2-4 책장 넘기기 ⋯ 267

목차

단편 애니메이션 만들기

Chapter 1 : 여러 가지 애니메이션 소스들을 하나로 연결하기

Ae 1-1 자연스럽게 연결하기 ··· 273

Chapter 2 : 사운드 넣기

2-1 더빙하는 방법 ··· 281

2-2 BGM, 효과음 다운로드 ··· 283

Ae 2-3 사운드 넣기 ··· 285

Chapter 3 : 자막

Ae 3-1 자막 넣기 ··· 289

Chapter 4 : 유튜브 채널에 영상 업로드하기

4-1 유튜브에 영상 올리기 ··· 293

05 부록

Chapter 1 : 애프터 이펙트 환경 설정

Ae 1-1 환경 설정하기 ⋯ **303**

Chapter 2 : 애프터 이펙트 상황별 대처법

2-1 렌더링한 영상이 재생되지 않을 때 ⋯ **307**

Ae 2-2 미리보기 화면이 갑자기 안 보일 때 ⋯ **310**

Ae 2-3 미리보기 화면 재생 시 버벅거림이 점점 심해질 때 ⋯ 311

Ae 2-4 의도치 않게 패널이 닫혔거나 작업 영역이 변경되었을 때 ⋯ 313

Ae 2-5 영상 및 이미지, 사운드 파일 경로 재설정 또는 교체 ⋯ 314

유튜브 애니메이션
시작하기

Chapter 1. 유튜브 애니메이션이란?

Chapter 2. 유튜브 애니메이션 기획하기

Chapter 3. 프로그램 화면 둘러보기

유튜브
애니메이션이란?

대한민국 미디어 점유율 1위, 영향력 1위의 서비스인 구글(Google)사의 온라인 스트리밍 서비스 '유튜브(YouTube)'에 업로드되는 애니메이션 형태의 영상을 유튜브 애니메이션(YouTube Animation)이라고 합니다. 유튜브 애니메이션은 무엇이고, 어떤 형태의 애니메이션이 존재하며, 어떻게 직접 제작할 수 있는지 알아보겠습니다.

유튜브 애니메이션이란?

01 유튜브 애니메이션의 정의

▲ 난희 유튜브 채널의 애니메이션 아웃트로 영상

유튜브 애니메이션이란, 유튜브에 업로드되는 애니메이션 형태의 영상을 의미합니다. 재미와 공감을 유도하는 내용, 정보를 소개하는 내용 등 다양한 형태로 구성되어 있으며, 1분 이내의 영상부터 길게는 15분 이상의 영상까지도 제작되고 있습니다. 커다란 서사나 복잡한 내용 없이 짧은 시간에 빠르게 보고 웃고 소비할 수 있기 때문에 스낵 컬처(Snack Culture) 기반의 콘텐츠라고 설명할 수 있습니다.

어쩌다 TV에서 보던 애니메이션이 유튜브, 틱톡, 인스타그램 릴스와 같은 모바일 플랫폼에서 유행하게 되었을까요? 얼마 전까지만 해도 보통의 애니메이션은 TV를 통해 보는 것이 일반적이었습니다. 8090세대라면 투니버스나 재능TV와 같은 어린이/애니메이션 전문 채널을 통해 '네모바지 스폰지밥', '아따맘마'와 같은 애니메이션 영상을 본 경험이 있을 것입니다.

그러나 2009년부터 스마트폰이 대중화되면서 기존의 대중 매체의 사용도가 서서히 감소되었고, 정해진 시간에 영상을 맞춰서 보는 것보다 원하는 시간에 자신이 원하는 미디어를 골라보는 형태로 점차 변화되었습니다. 그러한 요구 사항에 적절한 미디어 채널의 역할로 유튜브, 왓챠, 넷플릭스와 같은 서비스가 그 자리를 조금씩 차지하게 되었습니다.

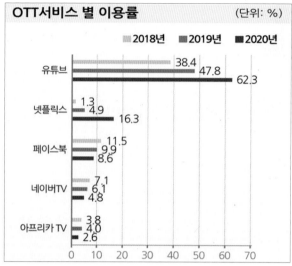

▲ 2020년도 방송 매체 이용 형태 조사(출처 : 방송통신위원회 제공)

알파 세대의 경우, 애니메이션을 스마트폰으로 접하는 경우가 훨씬 많고, 영ㆍ유아기의 아이들은 아동 전용 앱인 유튜브 키즈를 사용하여, 동요, 동화, 애니메이션을 시청하고 있습니다.

이러한 변화에 따라 콘텐츠도 변화되기 시작했습니다. 콘텐츠를 제작하는 툴은 접근성이 쉬워지고 다양한 기능을 구현할 수 있게 발전(어도비 애니메이션, 어도비 애프터 이펙트, 클립스튜디오 등)되었습니다. 또한 많이 사용되던 툴(어도비 플래시)이 역사 속으로 사라지기도 했습니다.

제작 툴의 접근성이 좋아지면서부터 누구나 애니메이션을 제작할 수 있게 되었습니다. 독특한 상상력과 그림을 그릴 수 있는 능력, 도전 정신만 있다면 나이불문하고 누구나 애니메이션을 제작할 수 있습니다. 혼자 만드는 것도 가능하고, 둘이서 만들면 훨씬 더 수월하고, 셋이서 만들어도 좋습니다.

유튜브 애니메이션의 장점

그림을 그리거나 영상을 제작해 본 경험이 있다면 애니메이션에 대한 로망 하나쯤은 있을 것입니다. 픽사와 디즈니가 제작한 애니메이션 영상을 보며 '내가 그린 그림이 실제로 움직인다면 얼마나 좋을까?'라는 꿈도 한 번쯤은 꾸어 봤을 것입니다. 애니메이션은 나의 세계관을 다른 이들에게 보여주는 멋진 작업입니다.

게다가 유튜브 애니메이션은 인물이 나오는 영상물과는 또 다른 매력을 지니고 있습니다. 캐릭터의 외모도 직접 내가 원하는 대로 만들 수 있고, 멀리 배경을 촬영하러 나가지 않아도 됩니다. 직접 그리면 되니까요. 콘텐츠 창작자가 영상에 직접 출연하거나 얼굴을 보이지 않아도 되기 때문에 얼굴이 등장하는 것이 부담스러운 초보 유튜버들에게도 좋은 수단이 됩니다.

애니메이션 크리에이터로서 팬덤을 만들 수도 있고, 창작된 캐릭터의 팬덤을 만들 수도 있습니다. 최근 들어 이러한 애니메이션 크리에이터들이 굉장히 활발한 활동을 보이고 있습니다. 짤막하고 재미있는 개그 애니메이션을 제작하는 유튜버들이 등장하면서부터 유튜브 애니메이션은 하나의 트렌드가 되었습니다. 또한 얼굴을 공개하지 않고 그림이나 애니메이션 캐릭터로만 활동하는 유튜버도 많아졌습니다. 구독자들은 그들의 실제 얼굴을 상상하며 기대감을 안고 얼굴 공개 콘텐츠를 기다리기도 합니다. 이러한 비밀스러운 부캐 콘셉트도 포화 상태인 유튜브 시장에서 신선한 재미를 주는 요소로 작용하고 있습니다.

유튜브 애니메이션의 장르는 무궁무진하지만 앞서 언급한 '재미와 공감'을 위주로 하는 콘텐츠들이 주로 올라오고 있습니다. 사람들의 실제 일화를 애니메이션으로 제작한 '썰툰', 연애 고민이나 학교생활에서 일어나는 인간관계 문제를 담은 '고민툰', 무서운 이야기를 담은 '공포영상툰', 시나리오가 있는 '스토리 영상툰' 등이 있으며, 유행하는 밈(MEME)이나 영상을 애니메이션으로 패러디한 '패러디 영상툰', '짤방툰'도 많은 인기를 끌고 있습니다.

▲ 재능TV '난희의 디지털 드로잉 무작정 따라하기' 속 애니메이션 영상

풀 애니메이션이 아니더라도 필요한 부분에 애니메이션 영상을 더하는 경우도 있습니다. 영상이 시작되기 전에 나오는 인트로, 영상이 끝날 때 나오는 아웃트로 귀여운 캐릭터가 들어간 애니메이션을 사용하는 경우를 예로 들 수 있습니다. 많은 유튜버들이 이러한 형태로 브이로그나 게임 영상을 만들어 올리곤 합니다.

애니메이션은 영상 속 화면 효과로도 쓰일 수 있습니다. 뮤직비디오와 같은 화려한 느낌의 영상물에서 중간에 등장하는 의성어, 의태어, 화면의 객체들을 애니메이션으로 제작하는 것입니다. Bruno Mars의 'That's What I Like', ITZY의 'ICY', 투모로우바이투게더의 '어느 날 머리에서 뿔이 자랐다', 스테이씨의 'ASAP'과 같은 뮤직비디오를 보면 영상 위에 화려한 애니메이션이 더해져 훨씬 더 재미있고 역동적인 느낌을 줍니다. 그냥 스쳐 지나갈 수 있는 가사들을 시각적인 이미지로 보여줌으로써 가사를 쉽게 이해할 수 있도록 도와주는 것입니다.

1 ▶ 영상 예시 1: 브루노마스

• Bruno Mars － That's What I Like M/V(https://youtu.be/PMivT7MJ41M)

하얀 스튜디오 공간에서 촬영된 이 뮤직비디오는 등장하는 출연진이 브루노마스 단 한 명뿐입니다. 독무와 함께 화면에 그려지는 흰 선의 그림들이 화려한 애니메이션으로 구현되어 가사의 의미들을 쉽게 전달해 주고 있습니다. 사랑하는 사람에게 무엇이든지 해줄 수 있다는 로맨틱한 가사를 라인 드로잉 애니메이션을 통해 재미있게 풀어낸 사례입니다.

2 ▶ 영상 예시 2: 위켄드

• Save Your Tears (Remix) M/V(https://youtu.be/LIlDh−ql9oI)

전 세계적으로 많은 사랑을 받고 있는 팝가수 위켄드와 아리아나 그란데(The Weekend & Ariana Grande)가 함께 부른 곡입니다. 애절한 사랑 이야기가 담긴 가사와는 다르게 그로테스크한 뮤직비디오가 제작되어 큰 화제를 모았습니다. 독특하고 신비한 레트로 분위기의 이미지들이 1990년대의 애니메이션을 보는 듯한 느낌을 줍니다. 런던의 유명 애니메이션 스튜디오 Blinkink에서 제작했으며, Jack Brown 감독이 전체적인 디렉팅을 맡았다고 합니다.

04 유튜브 애니메이션의 우수 사례

1 ▶ 게으른 타코씨

▲ 단편 애니메이션 '게으른 타코씨' – YouTube '안게으른 스튜디오' 채널(김소영 감독 제작) (출처 : https://youtu.be/GPIk4CWHdks)

타코씨와 붕어씨가 등장하는 단편 애니메이션 '게으른 타코씨'는 대한민국의 청년 실업, 취업난, 취준생의 현실 등을 가감없이 보여주고 있는 단편 애니메이션 작품입니다. 대학생활을 마치고 바로 취업 전선에 뛰어든 타코씨와 붕어씨는 부족한 스펙, 낮은 학점으로 취업에 어려움을 겪습니다. 주인공들이 서류 심사에서 탈락하거나 면접에서 성과를 발휘하지 못하는 등의 모습을 보이며, 대화 도중 갈등이 일어나기도 합니다. 이를 통해 우리가 직면하고 있는 사회적 현실을 다시 한 번 돌아보게 만듭니다. 동글동글 귀여운 그림체와 동화처럼 평화로운 BGM이 깔리지만 등장인물들의 고민과 상황들은 다소 무거우며 안타까운 감정이 듭니다. 하지만 어려운 상황에도 재치있는 대사와 익살스러운 연출이 더해져 웃픈 분위기를 자아내고 있습니다. 애니메이션은 3화까지 제작되었으며, 유튜브 '안게으른 스튜디오' 채널에서 시청할 수 있습니다.

2 ▶ 초코캔디 동요 동화

▲ 초코캔디 알파벳송 F, G편 – YouTube '은젤월드' 채널(스튜디오 은젤 제작)(출처: https://youtu.be/3eKXPtbKNUk)

ASMR로 잘 알려진 유튜브 크리에이터 은젤씨는 '은젤 월드'라는 신규 채널을 개설한 후 '초코캔디 동요동화'라는 제목의 콘텐츠를 제작하여 업로드하고 있습니다. 이 채널에는 아동용 교육 애니메이션인 '알파벳송'과 '가나다송', 창작 동화 '신비한 502 잡화점', 동화 속 아이템을 직접 만들어 보는 '만들기 신비한 잡화점' 등의 다양한 영상이 올라옵니다. '알파벳송'과 '가나다송'은 각각의 문자로 완성할 수 있는 단어들을 연결하여 만들어 낸 동요이며, 문자를 처음 배우는 아동들에게 도움을 주는 언어 교육 영상이기도 합니다. 은젤씨는 작사, 작곡, 보컬 작업에 직접 참여하여 뛰어난 가창 실력을 보여주었습니다. 또한 2021년 상반기부터 정식으로 '스튜디오 은젤'을 꾸려 실력있는 크루들과 함께 다양한 영상을 제작하고 있습니다.

05   유튜브 애니메이션 제작

유튜브 애니메이션을 제작하기 위해서는 다양한 방법들이 존재합니다. 본 작업에 들어가기에 앞서 애니메이션을 제작하는 다양한 툴들을 소개하고 각 툴의 특징과 구독료, 작업 난이도에 대해 설명하겠습니다.

▲ VideoScribe 소개 영상(출처 : https://youtu.be/u30fTyXkOdo)

비디오스크라이브는 화이트보드 애니메이션 제작 프로그램입니다. 파워포인트로 만들 듯이 쉬운 조작법으로 영상을 제작하고, 손으로 그림을 그리는 듯한 애니메이션 효과, 글씨 쓰는 효과 등을 사용할 수 있습니다. 4천 여 개의 이미지 파일이 제공되며, 지속적으로 업데이트되고 있습니다.

전하고자 하는 내용을 신속하고 빠르게 전달할 수 있는 정보 제공 영상에 탁월한 프로그램으로, 트라이얼 버전은 7일간 사용이 가능하지만 워터마크가 삽입되어 있어 내보내기에 제한이 있습니다. 정식 유료 버전의 1년 구독료는 144달러입니다. 자막은 다른 툴을 사용하여 기입해야 합니다.

2 ▶ FlipaClip(플리파클립) | 난이도 : 하

▲ 애플 앱스토어 - 'FlipaClip' 앱 이미지(출처 : https://apps.apple.com/us/app/flipaclip-create-2d-animation/id1101848914#?platform=ipad)

플리파클립은 드로잉과 애니메이션 작업을 한번에 할 수 있는 애니메이팅 툴입니다. 안드로이드, iOS 등 모든 환경에서 사용이 가능한 모바일 앱으로 구글 플레이스토어와 앱스토어에서 무료로 다운로드받을 수 있습니다. 여러 장의 그림을 연속적으로 재생하여 애니메이션을 완성하는 '셀 애니메이션 방식'으로 제작할 수 있으며, 인터페이스가 간결하고 다양한 펜과 팔레트를 지원하고 있어 드로잉을 하기에도 편리합니다. 작업물을 바로 재생하고 확인할 수 있다는 점, 공유 및 내보내기가 간편하다는 점이 장점이며, 2분 이내의 짧은 영상을 만들기에 적절합니다. 진입 장벽은 낮지만 높은 완성도의 애니메이션을 제작하기 위해서는 그만큼 많은 장면을 세밀하게 그려내야 하기 때문에 다소 많은 시간이 소요될 수 있습니다.

3 ▶ ClipStudio(클립스튜디오) | 난이도 : 중

▲ 클립스튜디오 애니메이션 공식 홈페이지(출처 : https://www.clipstudio.net/kr/animation)

클립스튜디오는 만화, 애니메이션 제작에 특성화된 드로잉 툴로, 웹툰 작가, 이 모티콘 디자이너, 일러스트레이터 직군에서 많이 사용하고 있습니다. 클립스 튜디오는 벡터 형식의 드로잉이 가능하기 때문에 화질 손상 없이 선의 형태를 자유롭게 변경할 수 있습니다. 이는 작업 시간이 단축되며 수정 작업에 용이하 다는 장점이 있습니다. 툴 사용료의 경우, 프로그램 라이선스를 구매하는 형태 또는 구독료 지불 형태로 제공되고 있으며, PRO 버전은 53,000원, EX 버전은 250,500원에 구매할 수 있습니다.

이 책에서는 '셀 애니메이션 방식(1초에 24프레임의 그림을 완성하여 재생하는 방식)'이 아니라 이미지 소스에 모션을 입혀 완성하는 '모션 그래픽 방식'을 소 개하고 있습니다. 모션 그래픽 방식은 제작해야 하는 이미지 소스의 양이 적기 때문에, 드로잉에 소요되는 시간을 줄일 수 있다는 장점이 있으나 다양한 각도 의 움직임을 표현하기에는 다소 제한적일 수 있다는 단점이 있습니다. 시간적 여유가 있다면 셀 애니메이션 방식과 모션 그래픽 방식을 혼용하여 애니메이션 을 제작하는 것이 가장 이상적이라고 할 수 있습니다.

유튜브 애니메이션 제작에 필요한 프로그램

01   애니메이션 제작 프로그램

사람들이 많이 사용하는 애니메이션 제작 프로그램	책에서 사용하는 애니메이션 제작 프로그램
클립스튜디오, 어도비 애니메이션, 애프터 이펙트, 캐릭터 애니메이터, 애니메이트 등	포토샵(작화 제작), 애프터 이펙트(모션 제작)

▲ 애니메이션 제작 툴에 대한 설명

▲ 어도비의 애니메이션 제작 툴과 레퍼런스(출처 : https://www.adobe.com/kr/creativecloud/animation-software.html)

유튜브 애니메이션은 그림을 그릴 수 있는 드로잉 프로그램, 객체의 움직임을 조정할 수 있는 영상 제작 프로그램으로 제작할 수 있습니다. 이 책에서는 가장 보편적으로 널리 사용되고 있는 어도비 포토샵, 애프터 이펙트 조합을 사용합니다.

포토샵을 통해 애니메이션에 사용되는 소스를 직접 그려 만들고, 애프터 이펙트에서 움직임(모션)을 주는 작업을 더해 한 편의 애니메이션으로 완성하는 것입니다.

지금부터 두 프로그램에 대한 기본 설명, 사용 방법, 구독 방법에 대해 알아보겠습니다.

02 어도비 포토샵(Adobe Photoshop)

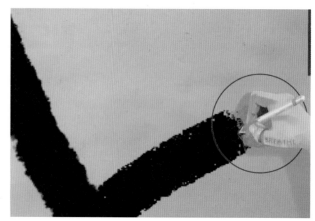

▲ 포토샵의 제품 설명 이미지(출처 : https://www.adobe.com/kr/products/photoshop.html#scroll)

포토샵은 어도비사에서 개발한 그래픽 디자인 편집 툴입니다. 사진 편집, 합성, 디지털 페인팅, 애니메이션, 그래픽 디자인 작업에 유용하여 많은 디자이너, 예술가들이 사용하고 있습니다. 캐릭터나 배경을 그리고 완성하여 이미지 파일의 형태로 저장할 수 있습니다.

03 어도비 애프터 이펙트(Adobe Aftereffect)

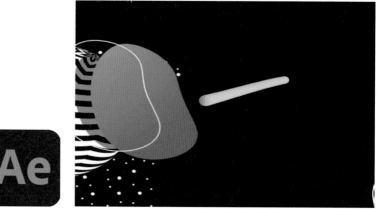

▲ 애프터 이펙트의 제품 설명 이미지(출처 : https://www.adobe.com/kr/products/aftereffects.html)

애프터 이펙트는 어도비사에서 개발한 모션 그래픽 제작 툴입니다. 영화와 같은 타이틀, 인트로 및 전환 효과를 줄 수 있습니다. 클립에서 개체를 제거하거나 불꽃 또는 비와 같은 효과를 만들어 영상의 임팩트를 향상시키고 애니메이션이 적용된 로고 또는 문자를 만들 수도 있습니다. 업계 표준의 모션 그래픽 툴이기 때문에 대중적으로 많이 사용되며, 자신만의 기발한 상상력을 현실로 만들어 낼 수 있습니다. 영상 컷 편집과 에디팅에 최적화된 프리미어 프로와 쌍으로 많이 사용되는 프로그램이기도 하며, 독특한 글씨 효과, 움직이는 객체, 정보 소개 애니메이션과 같은 애니메이팅에 전문적으로 쓰이는 툴이라고 할 수 있습니다.

▲ 애프터 이펙트의 설명 이미지(출처 : https://www.adobe.com/kr/products/aftereffects.html)

인터페이스가 전체적으로 익숙하지 않은 요소들이 많아 진입 장벽이 높아 접근하지 못하는 사람들이 많지만 한 번 제대로 배워두면 평생 유용하게 모든 부분에 적용할 수 있습니다. 움직이는 로고와 앱 시작 화면의 애니메이션, 기업 소개 영상 등 다양한 부분에 접목하여 사용할 수 있기 때문에 고급 기술, 고급 인력으로도 자리매김할 수 있습니다.

04 포토샵과 애프터 이펙트 다운로드 방법

포토샵과 애프터 이펙트는 Adobe 공식 홈페이지(https://www.adobe.com/kr/)에서 다운로드받을 수 있습니다. 무료 체험판 다운로드가 가능하며, 30일간 무료로 사용할 수 있습니다. 포토샵의 가격은 단품을 구매하는 방식이 아니라 구독 플랜 방식으로 월 또는 연도 사용 금액을 지불하여 사용합니다.

포토샵 구독 플랜의 가격은 조건에 따라(개인/기업/학생 및 교사) 다릅니다. 학생 및 교사에게는 최대 60% 할인된 금액으로 프로그램을 제공하고 있으므로 조건이 충족된다면 학생 및 교사 플랜을 사용하는 것이 경제적입니다.

TIP 구독 가격 알아보기

1) 개인용 플랜 가격

- 모든 앱(포토샵, 애프터 이펙트, 프리미어 프로 등) : 62,000원/월
- 포토그래피 플랜(포토샵 & 라이트룸) : 11,000원/월
- 단품 : 24,000원/월

2) 학생 및 교사 구독 플랜 가격

- 모든 앱(포토샵, 애프터 이펙트, 프리미어 프로 등) : 23,100원/월

학생 및 교사 구독 플랜의 경우, 모든 앱 플랜만 구매 가능하며 60% 할인된 금액으로 구매할 수 있습니다.

3) 최고 할인가, 블랙 프라이데이 활용하기

어도비사는 매년 11월 블랙 프라이데이에 할인 프로모션을 진행합니다. 이때 모든 앱 플랜을 개인 구독 시 47,520원/학생 및 교사 신분일 경우 18,000원에 구독할 수 있습니다. 필자 또한 블랙프라이데이 기간에 결제하여 매년 사용하고 있습니다.

▲ 어도비 블랙프라이데이 할인 이미지

STEP
03

유튜브 애니메이션 제작에 필요한 도구

01 영상을 기획해요! - 무지 스프링 노트

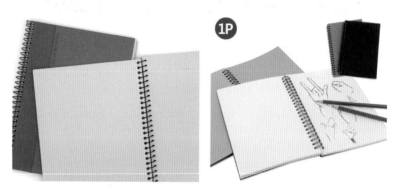

▲ 추천 제품인 무지 좌철 스프링 노트

노트를 선택할 때, 줄이 없는 무지 노트를 사용하는 것이 좋습니다. 이때 추천하는 것은 스프링으로 좌철이 되어 있는 무지 노트입니다. 스프링 형태의 경우, 책을 평평하게 펼 수 있어서 다양한 그림을 연속적으로 그릴 때 좋고, 찢거나 붙일 때도 편리합니다.

영상 작업을 할 때에는 노트를 펼쳐놓거나 찢어서 벽면에 붙이는 경우가 많기 때문에 최대한 얇고 가벼운 제품을 사용하는 것이 좋습니다. 필자의 경우, 모닝글로리에서 1,000원에 구매할 수 있는 스프링 노트들을 여러 개 구매하여 사용하고 있습니다.

TIP **필자가 개인적으로 비추천하는 노트의 형태**

1) 책 형태로 가공되어 있는 노트
펼쳐서 그릴 때에 평평하지 않아 원하는 그림을 그리기 힘들며, 뒤페이지에 그림을 그리기도 힘듭니다.

2) 상철이 되어 있는 노트
2~3페이지를 연결해서 기획할 때에 연결성이 다소 떨어집니다.

▲ 추천 제품 : iMAC

영상을 제작하기 위해서는 컴퓨터가 필요합니다. 스마트폰으로 제작하는 방법도 있지만 화면이 작고 단축키를 사용하기 힘들기 때문에 세밀하고 디테일한 표현이 어려울 수 있습니다. 영상을 빠른 속도로 렌더링하기 위해서는 CPU와 그래픽 카드의 사양이 좋아야 합니다. 영상 제작은 열화를 많이 일으키는 작업이기 때문에 팬(Fan)의 사용이 잦아 소음이 생길 수 있습니다.

영상 제작에 가장 적합한 환경은 데스크톱 환경이며, 특히 iMAC을 추천합니다. 애플사의 컴퓨터 제품은 렌더링 속도가 굉장히 빠르고 색감 표현이 정확하기 때문에 많은 크리에이터들이 iMAC 제품을 사용하고 있습니다. 하지만 가격대가 높다는 단점이 있으므로 자신에게 적절한 가격대의 컴퓨터를 구매하는 것도 좋은 방법이 될 수 있습니다. 혹여 노트북을 사용할 때에는 노트북 받침대나 쿨러를 사용하여 노트북의 열화를 줄일 수 있도록 해주는 것이 좋습니다.

▲ 추천 : 와콤 인튜어스 프로 시리즈

태블릿은 와콤 태블릿을 추천하며, 그중에서도 '와콤 프로펜2'를 호환하는 기종들을 사용하는 것이 좋습니다. 와콤 프로펜2는 8129레벨의 높은 필압을 지원하기 때문에 종이에 그리는 것만큼 세밀하고 정확한 라인 드로잉을 가능하게 해줍니다. 필압이 낮은 제품을 사용하게 되면 손으로 표현하고자 하는 세밀한 표현들을 잡아주지 못해서 손에 더 많은 힘이 들어가게 되고 표현력이 다소 떨어져 보일 수 있습니다.

▲ 와콤 모바일스튜디오16 모델을 사용하는 모습

필자의 경우, 와콤에서 나온 모바일스튜디오16 모델을 사용하고 있습니다. 입문자 분들의 경우, 판 태블릿이나 보급형 액정 태블릿부터 사용해 보기를 권장합니다. 와콤에서 판매되고 있는 태블릿 중 필자가 추천하는 모델들은 아래와 같습니다.

와콤 인튜어스 프로 태블릿 PHT-660(소형)	와콤 인튜어스 프로 태블릿 PHT-660(중형)	원바이와콤 소형 태블릿 CTL-472(소형)
• **무게** : 450g • **가격** : 29만 원~ • **추천 이유** : 8192 압력 감지 레벨이 지원되기 때문에 자연스러운 드로잉이 가능하고 중형 모델에 비해 가볍다는 장점이 있음	• **무게** : 700g • **가격** : 36만 원~ • **추천 이유** : 정확한 입력 감지, 지연 없는 반응으로 자연스러운 드로잉 느낌이 극대화되어 그림 그리는 즐거움을 느낄 수 있음	• **무게** : 250g • **가격** : 5만 원~ • **추천 이유** : 와콤사 태블릿 제품 중에서 가장 저렴하고 가벼운 제품. 2048 압력 감지 레벨을 지원하기 때문에인튜어스 프로 모델보다는 퍼포먼스가 떨어지지만 입문 시 가성비로는 최적의 제품으로 뽑을 수 있음

아이패드나 갤럭시 탭을 사용하여 작업하는 것도 좋은 방법입니다. 특히 이러한 태블릿 디바이스를 사용한다면 아이패드와 iMAC 조합을 사용하는 것을 추천합니다. Air Drop이라는 초고속 전송 시스템이 있기 때문에 아이패드에서 작업한 작업물을 빠른 속도로 MAC 제품에 전달할 수 있어 굉장히 편리합니다.

더빙이 필요하다면? - 핀 마이크

처음에 비싼 녹음기를 구매했다가 원하는 퍼포먼스가 나오지 않아 환불하거나 재판매하는 경우가 많습니다. 필자의 경우, 고가의 녹음기를 주문했다가 다시 중고로 되판 기억이 있습니다. 생각했던 것보다 퍼포먼스가 떨어진다고 느꼈기 때문입니다.

외부 녹음을 할 때에는 무지향성 녹음기 제품을 사용하는 것이 좋으나 단일 지향성 녹음 형태(조용한 곳에서 혼자 목소리를 녹음하는 경우)에는 핀 마이크로 시작하는 것이 훨씬 경제적이고 가성비가 높은 퍼포먼스를 만들 수 있습니다.

마이크를 살 예정인 분들에게 꼭 하는 말이지만 처음 유튜브를 시작한다면 비싼 마이크나 녹음기를 사용하기보단 핀 마이크를 사용하는 것을 추천드립니다. 또는 유선형 이어폰의 마이크를 사용해서 녹음하는 방법도 있습니다. 필자가 써본 제품 중에는 애플에서 나온 3.5핀 유선 마이크가 녹음 음질이 제일 우수했습니다.

하지만 이 제품의 경우는 얼굴에 가까이하지 않는 이상 수음이 잘 되지 않아서 소리가 작게 녹음될 수 있습니다. 핀 마이크를 구매한 후 얼굴 가까이에 수음 부분을 배치하여 녹음을 하는 것이 좋습니다. 또한 부스럭거리는 소리, 바람 소리가 들릴 수 있기 때문에 조용한 환경에서 적은 움직임으로 녹음을 해야 합니다. 윈드스크린을 사용하여 바람 소리를 방지하는 것도 좋은 방법입니다.

actto

▲ 액토 핀 마이크 제품의 사진(좌), 윈드스크린 사진(우)

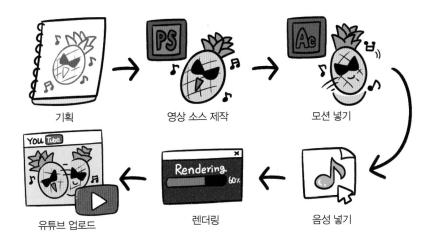

기획　　　　영상 소스 제작　　　　모션 넣기

유튜브 업로드　　　　렌더링　　　　음성 넣기

1 ▶ 기획

영상의 전체적인 형태를 기획하는 과정입니다. 어떤 주제의 영상을 만들 것인지, 영상에 어떤 소스들이 필요한지 스스로 견적을 내봅니다. 레퍼런스가 될 만한 영상 자료들을 최대한 많이 보고 분석하는 것도 좋습니다. 보통 깊게 생각하고 진지하게 기획하는 것보다 어느 정도 형태 파악이 되면 바로 작업에 들어가는 것이 좋습니다. 예상 외로 오랜 시간을 투자하여 기획한 프로젝트들이 메모장 한 켠에 남아 실현되지 못하고 사라지는 경우가 많습니다. 멋진 아이디어들이 사장되지 않도록 눈에 잘 띄는 곳에 콘텐츠 아이디어를 기록하고, 귀찮다는 이유로 제작 과정을 나중으로 미루지 마십시오. 생각나는 것을 바로 결과물로 만드는 것이 다양한 콘텐츠를 꾸준히 만드는 비법입니다.

46페이지에 있는 스토리보드 제작하기 부분을 참고하여 스토리보드를 구성하거나 무지 노트에 스케치를 자유롭게 그려서 기획하는 방법이 있습니다.

2 ▶ 영상 소스 제작

| 이미지 소스

이미지 소스의 경우, 인터넷에서 이미지 소스를 가져와서 사용하는 방법과 직접 제작하는 방법이 있습니다. 인터넷에서 소스를 가져올 경우, 저작권법에 위반되지 않는지 확인하고 사용해야 합니다. 아니면 저작권에 위배되지 않는 프리 소스 이미지 사이트에서 가져와서 사용하는 방법도 있습니다.

| 이미지 제작

포토샵과 같은 이미지 제작 프로그램을 사용하여 영상 속에 들어갈 그림을 그립니다. 영상에 필요한 캐릭터의 몸, 눈(감은 눈, 뜬 눈), 입(다문 입, 열린 입), 팔 등의 움직이는 부분들을 따로 제작하는 방법 또는 모든 장면에 대한 움직임을 그려서 (1초에 24프레임) 컷을 모두 연결하여 재생시키는 방법이 있습니다. 전자의 경우, 애프터 이펙트를 사용하여 모든 움직임과 방향을 제어하도록 할 수 있고, 후자의 경우, 애프터 이펙트에 불러와 1초 24프레임을 연결하여 재생시키는 방법으로 사용할 수 있습니다.

3 ▶ 모션 넣기

제작한 이미지 소스들을 모두 불러와 움직임을 넣어줍니다. 기획 의도에 맞게 움직임과 장면 전환 등을 넣어 완성해 줍니다.

4 ▶ 음성 넣기

| BGM(Background Music)

영상 전체에 들어가는 배경 음악을 의미합니다. 배경 음악으로 최신 유행 가요를 넣으면 수익 창출이 불가능합니다. 수익 창출을 목적으로 한다면 무료 저작권 음원과 효과음을 제공하는 '유튜브 오디오 라이브러리'를 사용하는 것이 좋습니다.

| 더빙

유튜브 애니메이션 속의 캐릭터들이 대화를 나누거나 혼잣말을 하는 경우에 (내레이션) 더빙 작업이 필요합니다. 더빙 방법에는 직접 컴퓨터나 스마트폰에 녹음하여 삽입하는 방법과 컴퓨터 프로그램으로 AI 목소리를 사용하는 방법 등이 있습니다.

| 효과음

인물들이 무언가에 부딪히거나 새로운 화면으로 전환될 때 나오는 소리들을 말합니다. 효과음은 인터넷에서 무료로 다운로드가 가능합니다. 앞서 언급한 유튜브 오디오 라이브러리에서 다운로드한 후 삽입하거나 효과음 모음을 검색하여 다운로드받고 파일을 삽입하는 것도 좋습니다.

5 ▶ 렌더링

영상 소스를 사용하여 영상을 제작하고, BGM과 더빙 음성, 효과음까지 모두 넣은 것을 영상 파일로 만드는 과정입니다. [파일]–[내보내기]–[렌더링 대기열에 추가]를 사용한 후 QuickTime 형식으로 내보내기를 하면 됩니다. QuickTime은 유튜브 애니메이션에 많이 사용되는 MOV 형태의 영상 포맷입니다. AVI나 다른 형식을 선택하면 영상 파일의 용량이 굉장히 커지기 때문에 QuickTime으로 렌더링하는 것이 적절합니다.

6 ▶ 유튜브 업로드

렌더링이 완료된 파일을 유튜브에 업로드하는 과정입니다.

유튜브에 로그인한 후 [동영상 업로드] 버튼을 클릭하여 추가할 수 있습니다. 이때 영상을 업로드한 후 제목과 정보, 광고의 위치를 선택하고 바로 업로드를 하거나 예약/비공개/미리보기 업로드를 할 수 있습니다.

영상을 바로 공개하게 되면 구독자들은 영상을 저화질로 시청하게 됩니다. 이는 서버상에서 최적화 작업이 진행되기 때문입니다. 이를 방지하고자 영상을 비공개로 업로드한 후 10~20분 뒤에 공개로 전환해 주는 것이 좋습니다.

02

유튜브
애니메이션
기획하기

여러분은 어떤 애니메이션 영상을 만들고 싶으신가요? 머릿속에 담긴 영상 아이디어들이 너무 많아서 어떤 것을 먼저 만들지 고민인 분들도 있겠지만 이럴 때 꼭 필요한 작업이 있습니다. 바로 '영상 기획'입니다. 앞으로 만들 영상의 콘셉트를 정하고 실행하기 위해 준비하는 과정이라고 할 수 있습니다. 이번 챕터에서는 유튜브 애니메이션 기획 과정을 자세히 알아보겠습니다.

유튜브 애니메이션의 유형 알아보기

01 원작의 재미를 뛰어넘다! '패러디 애니메이션'

1 ▶ 패러디 애니메이션이란?

현재 이슈가 되고 있거나 과거에 많은 관심을 받았던 콘텐츠를 애니메이션 형태로 제작한 영상물을 의미합니다. 원본 영상에서 재미있게 느꼈던 부분을 과장하거나 다른 형태로 재해석할 수도 있습니다. 지금 화제가 되고 있는 밈(MEME)이나 영상 콘텐츠가 있다면 그 흐름에 올라타 재미있는 애니메이션을 만들어 보는 것은 어떨까요? 또는 많은 이들이 참여하고 있는 챌린지(동일한 주제의 행위를 따라해 보거나 도전을 해보는 영상)에 참여해 보는 것도 좋은 방법입니다.

2 ▶ 패러디 애니메이션의 장점

이슈가 되었던 콘텐츠를 애니메이션 형태로 제작하면 원본 영상에 관심을 갖고 있던 유저들에게 노출되기 쉽기 때문에 그들로부터 많은 관심을 받을 수 있습니다. 원본 영상의 재미 포인트를 잘 살린다면 일반적인 내용의 애니메이션보다 훨씬 많은 노출 수를 기대할 수도 있습니다.

3 ▶ 패러디 애니메이션의 예시

▲ 이마트송 애니메이션 ver. 영상(출처 : https://www.youtube.com/watch?v=YbB0jA6M4-E)

이마트에 방문하면 한 번쯤은 듣게 되는 '이마트송'을 애니메이션 형태로 제작한 케이스입니다. 마트에서 구매하기 쉬운 식료품과 노란색 부직포 가방이 노래에 맞춰 춤을 추며 계산대로 이동하는 모습들이 보입니다. 객체들의 형태가 단순하고 움직임이 작지만 리듬감 있게 표현되어 묘한 재미를 주고 있습니다.

4▶ 패러디 애니메이션 제작 시 주의사항

▲ 유튜브 조회 수 50만 회가 넘었으나 저작권 이슈로 삭제하게 된 '개발자 되지 말아요' 영상

원본 영상 또는 공식 음원을 영상 내부에서 그대로 송출했을 경우 수익 창출이 불가능하며, 최악의 경우 유튜브 채널에 업로드된 모든 영상의 수익 창출 기능이 정지되기도 합니다.

> TIP 원본 영상 또는 공식 음원을 포함하고 있을 경우, 수익 창출이 불가능하며 전체 채널의 수익 창출에도 영향을 끼칠 수 있습니다.

이러한 문제가 일어나지 않도록 패러디 영상을 만드는 방법은 4가지가 있습니다.

- 원본 영상, 공식 음원을 사용하지 않는 방법
- 저작권 등록이 되어 있지 않은 음성 자료를 사용하거나 유사한 BGM을 사용하는 방법
- 해당 영상의 수익 창출 옵션을 걸어두지 않고 업로드를 하거나 채널 전체의 수익 창출 기능을 완전히 포기하는 방법
- 원 저작자에게 허락을 구하거나 상세 정보에 원본 영상을 링크하는 방법

일화를 재구성한 '영상툰'

▲ '언니가 나를 죽여버리고 싶었던 이유' 영상(출처 : https://youtu.be/oc24Be-sVXs)

컬투쇼는 시간이 지나도 많은 사랑을 받고 있는 라디오 토크쇼입니다. 그중에서도 가장 화제가 되었던 것은 인상 깊었던 사연을 애니메이션으로 만들어 제출하는 UCC 콘테스트였습니다. 목소리로만 진행되는 컬투쇼에 창작자들이 애니메이션을 제작하여 사연자들이 겪었던 상황을 시각적으로 형상화한 것입니다. 그냥 목소리로 들었을 때도 재미있었지만 애니메이션으로 보니 시각적인 요소가 가미되어 즐거움이 배가 되는 것을 느낄 수 있었습니다.

그 후 영상툰이라는 장르가 보편적으로 널리 알려지게 되었고, 재미있는 사연, 분노를 일으키는 사연, 감동적인 사연 등을 애니메이션으로 재구성하여 업로드하는 사례가 많아졌습니다. 영상툰은 웹툰에 관심이 많은 10대에게 가장 많은 인기를 끌고 있습니다. 특히 연애, 친구와의 갈등, 가족 간의 갈등과 같은 사연들이 높은 조회 수를 기록하고 있습니다.

감성적인 '애니메이션 뮤직비디오'

애니메이션 뮤직 비디오는 예로부터 많은 사랑을 받아왔습니다. Caravan Palace의 'Lone Digger', Imagine Dragon의 'Birds' 뮤직비디오도 애니메이션 형태로 제작되어 많은 관심을 받았습니다. 노래 가사나 사운드에 담긴 의미를 강렬한 비주얼 이미지로 전달하며, 실제 인물들의 연기로 완성되는 임팩트와는 다른 신비로운 느낌을 줍니다. 최근에는 아티스트가 유명 애니메이터에게 뮤직비디오를 의뢰하여 애니메이션 뮤직비디오가 탄생되는 경우가 많아졌습니다. 다양한 예시 중 가장 인상 깊게 보았던 뮤직비디오 한 편을 소개하겠습니다.

▲ 7OAST - カワアカリ (Feat. neur6sia) M/V (출처 : https://youtu.be/rqARcDnsWtM)

전자음악 작곡가 7OAST(@70457__)씨는 2021년 8월 새로운 싱글 'ぽけっとよる'를 발매했습니다. 이때 'カワアカリ(푸른 가람빛)'이라는 곡의 뮤직비디오를 선공개했는데, 곡 특유의 심오하면서도 경쾌한 이미지를 인상적으로 전해 주었습니다. 뮤직비디오에는 애니메이터 Dice(@kdk_dice4)씨가 참여했으며, 발랄한 소녀 캐릭터가 겪고 있는 내면적 갈등을 시각적으로 잘 표현했습니다. 곡의 하이라이트 장면에서 등장하는 달리는 소녀의 모습은 곡의 박진감을 잘 나타내 주고 있습니다. 셀 애니메이션 작업을 바탕으로 화려한 모션 그래픽 작업이 더해져 전체적인 완성도를 높였습니다.

04 　귀여움을 더하는 '애니메이션 인트로와 아웃트로'

채널의 정체성을 보여주는 인트로(시작 영상), 아웃트로(마무리 영상)는 유튜
버에게 꼭 필요한 영상 소스 중 하나입니다. 무료로 배포되고 있는 소스를 사
용해도 무관하지만 보다 귀엽고 매력적인 느낌을 전달하기 위해 인트로와 아
웃트로를 직접 제작하는 경우가 많아졌습니다.

애니메이션 전문 채널이 아니라 일반 브이로그, 일반 영상 채널도 애니메이션
인트로와 아웃트로를 더하면 동화적인 느낌이 가미되어 1인 브랜드의 느낌을
보다 친근하게 전달해 줄 수 있습니다.

05 　세계관을 보여주는 '창작 스토리 애니메이션'

▲ Catopia Rush Global Launch Trailer(출처 : https://youtu.be/d5LskzvaXxY)

창작 스토리 애니메이션은 실제 있었던 일이 아니라 가상의 세계관, 가상의 에
피소드를 애니메이션으로 제작하는 경우를 의미합니다. 웹툰으로 가상의 세계
를 표현한 것과 다른 점이 있다면 BGM과 음성을 더할 수 있다는 것입니다. 이
는 몰입감을 주는 요소로 작용됩니다.

모션 그래픽 작업으로 박진감 넘치는 액션 장면을 연출하고, 표정의 변화로 감
정을 전달하는 등 영상으로만 할 수 있는 작업들을 더해 '만화 영화'의 느낌으

로 대중들에게 다가가는 것입니다.

현재는 동물 캐릭터에 인격을 부여한 스토리 애니메이션, 기묘한 이야기를 다루는 스토리 애니메이션 등 다양한 종류의 창작 영상물들이 유튜브에 업로드되고 있습니다. 기업에서도 이러한 애니메이션을 활용하여 브랜드와 캐릭터의 이미지를 좀 더 인상적으로 각인시키고 있습니다.

유명 캐릭터 브랜드 '카카오프렌즈'의 '피치파이브'는 기존의 어피치 캐릭터에 새로운 세계관을 더해 '퍼피치', '슈비룹빠' 등의 신규 캐릭터를 등장시켰고, 이를 애니메이션으로 제작하여 틱톡에서 좋은 반응을 이끌어 냈습니다.

미국의 게임 회사 'Supercolony'는 신규 게임인 'Catopia Rush'의 트레일러 영상에 게임 속 세계관을 담은 애니메이션을 더해 화제를 모았습니다. 스토리를 쉽고 빠르게 이해할 수 있었고, 캐릭터들의 매력을 잘 느낄 수 있었다는 평가를 받았습니다.

콘티와 스토리보드 작성하기

01   텍스트 형태로 제작하기

일상 속에서 반짝이는 아이디어가 떠오른다면 메모장에 텍스트 형태로 기록해 두는 것이 좋습니다. 콘셉트와 연출, 대사 등의 내용들을 글로 러프하게 적는 것입니다. 시간이 지나서 다시 봤을 때도 괜찮게 느껴진다면 이를 좀 더 구체적으로 기획하는 텍스트 콘티 작업을 진행해 봅니다.

혼자 작업을 할 경우에는 영화 시나리오처럼 자세하고 세밀한 묘사를 하지 않아도 됩니다. 이미 내가 알고 있고, 머릿속에 그려져 있기 때문입니다. 하지만 공동 작업을 할 경우에는 서로의 머릿속을 들여다볼 수 없기 때문에 자세히 적어서 서로의 아이디어를 최대한 보여주고 알려주는 것이 중요합니다.

02   그림 형태로 제작하기

백문불여일견(百聞不如一見)이라는 속담이 있습니다. 글 콘티로는 보이지 않는 부분들이 있기 때문에 그림으로 제작하면 훨씬 더 많은 것들을 밖으로 끄집어 낼 수 있습니다. 특히 스파크처럼 순간적으로 떠오르는 아이디어를 글로만 적어두면 시간이 지났을 때, 그 형상화된 기억들이 제대로 떠오르지 않을 수 있고 재미가 반감될 수 있습니다.

노트를 펴서 떠오르는 아이디어들을 러프하게 표현해 보세요. 생각나는 단어들을 나열하고, 단어에 어울리는 이미지들을 그려보는 것입니다. 혼자 작업할 때는 상관이 없지만 두 명 이상의 공동 작업일 때는 서로의 커뮤니케이션에 오류가 없도록 정확한 형태로 그리는 것이 중요합니다.

필자의 경우, 애니메이션 작업에 들어가기 전 무지 노트에 머릿속에 생각해 둔 아이디어를 펜으로 스케치합니다. 그런 다음 애니메이터 분께 확인을 맡고 같이 구도를 정하거나 대사를 설정하곤 합니다. 이러한 과정을 통해 완성될 영상이 재미가 있을지, 아쉬운 부분이 생길지, 어떤 요소를 더하면 좋을지 미리 기획해 보는 것입니다.

03 스토리보드 제작하기

Title : 잇몸이 들려 치과에 간 썰　　　　　　**Page : 01**

SC	Picture	Action	Dialogue	Sec.
#1		잇몸에 통증이 생겨 볼을 만지는 난희 눈물이 쪼록 흐름.		10
#2		치과에서 치료를 받는 장면이 클로즈업된다.	난희 : 으어어어 의사 : 네~ 조금만 참으세요. 난희 : 흐어어어	20
#3		올바른 칫솔질을 알려주는 간호사	간호사 : 성인이 되면 칫솔질을 바꿔야 해요. 방향을 바깥쪽으로 털어내듯 해주세요. 난희 : 네에...	10
#4		집에 와서 칫솔질을 따라해 보는 난희	(치카 치카 이 닦는 소리)	10

▲ 난희가 잇몸이 들려 치과에 간 스토리보드

스토리보드는 굉장히 전문적이고 구체적인 기록 방식이라고 할 수 있습니다. 스토리보드 작성은 뮤직비디오 현장, 영화 촬영 전 구도를 잡는 기획 용도, 연극의 연출 부분에서도 사용되는 굉장히 중요한 작업입니다.

스토리보드 작성 방법은 모든 씬(장면)을 분할한 뒤 세로 행에 순서대로 정보를 적어 내려가면 됩니다. 상위의 Title은 제목, Page는 페이지 수, SC는 씬(장면), Picture는 그림, Action은 인물들의 행동과 연출에 관한 설명을 적으면 됩니다. Dialogue는 대사나 효과음 등의 음성 언어를 적는 부분입니다. 마지막으로 Sec.는 시간을 기록하는 부분입니다. 스토리보드는 읽는 사람들 모두가 쉽게 이해할 수 있도록 가독성 있고 분명하게 구도를 표현하는 것이 중요합니다.

TIP 여러분만의 스토리보드를 완성해 보세요. 자료는 길벗 홈페이지에서 다운로드받을 수 있습니다(예제폴더 안에 PART1/CHAPTER1/스토리보드.jpg).

Title :   Page :

SC	Picture	Action	Dialogue	Sec.

03

프로그램 화면
둘러보기

이 책에서는 포토샵을 사용하여 이미지 소스를 제작하고, 애프터 이펙트로
모션을 추가하고 있습니다. 그 작업을 쉽고 빠르게 이해할 수 있도록 프로
그램 화면을 둘러보고, 대표적인 기능들을 알아보며, 각각의 특징들을 기억
하는 시간을 가져보고자 합니다.

포토샵 화면 둘러보기

포토샵 2021 버전은 굉장히 많은 기능들을 보유하고 있습니다. 하지만 이 책에서는 포토샵의 기능 중 '드로잉 기능'을 제외하고는 거의 사용하지 않기 때문에 선택과 집중을 위해 드로잉 위주의 기능들만 집중적으로 설명하겠습니다.

01   시작 화면

위의 화면은 포토샵 아이콘을 클릭하면 나오는 가장 첫 번째 화면입니다. 포토샵 CC 최신판부터는 대시보드가 먼저 등장하게 되었습니다. 대시보드란, 가장 최근 항목(파일)들이 노출되는 곳으로, 포토샵 학습과 클라우드 문서 등을 열어볼 수 있도록 해주는 일종의 게시판 같은 역할을 합니다. 여기에서 가장 자주 사용하게 되는 메인 버튼은 [새로 만들기] 버튼입니다. 이 버튼을 클릭하면 새로운 캔버스를 생성할 수 있습니다.

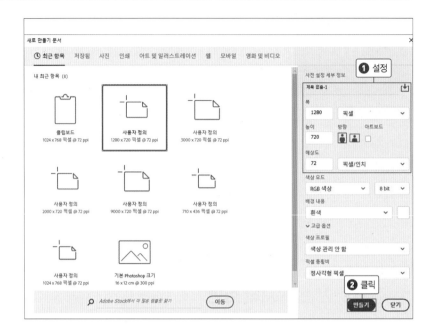

새로 만들기 문서 화면에서는 캔버스의 폭과 높이, 해상도와 색상 모드 등을 설정할 수 있습니다. 책에서 주로 사용하는 캔버스의 사이즈는 폭 1280px, 높이 720px이고, 해상도는 72를 사용합니다. 해당 정보들을 기입한 후 [만들기] 버튼을 클릭하면 새 캔버스가 생성됩니다.

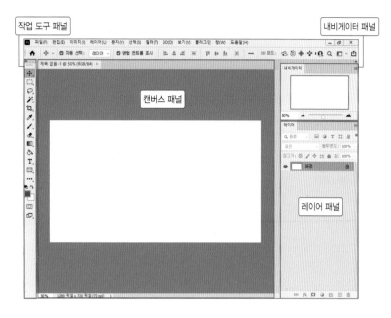

작업 화면을 보면 가장 왼쪽에는 자주 사용하는 작업 도구 패널이 배치되어 있고, 가운데는 캔버스 패널이 띄워져 있습니다. 오른쪽에는 레이어와 내비게이터 패널이 대표적으로 노출됩니다.

1 ▶ 작업 도구 패널

❶ **이동 도구**(⊕) : 레이어나 객체를 이동할 수 있게 해주는 도구

❷ **사각형 선택 윤곽 도구**(⬚) : 사각형 모양의 선택 영역을 만들 수 있는 도구(원형 선택 윤곽 도구 : 원형으로 선택 영역을 만들 수 있음)

❸ **올가미 도구**(⟳) : 올가미 형태로 선택 영역을 지정하는 도구

❹ **자동 선택 도구**(⚲) : 원하는 영역을 클릭하여 동일한 색상일 경우, 자동으로 선택 영역이 지정되게 만들어 주는 도구

❺ **자르기 도구**(⊾) : 이미지를 원하는 형태로 자를 수 있는 도구

❻ **스포이드 도구**(⚲) : 색을 추출하는 도구

❼ **브러시 도구**(✎) : 그림을 그리는 도구

❽ **지우개 도구**(⬙) : 그림을 지우는 도구

❾ **그레이디언트 도구**(▣) : 그러데이션을 만드는 도구

⑩ **페인트 통 도구**( ) : 색상을 채우는 도구

⑪ **수평 문자 도구**(T) : 문자를 추가하는 도구

⑫ **세로 문자 도구**(|T) : 세로 형태로 문자를 추가할 수 있는 도구

⑬ **모양 만들기 도구**( ) : 원하는 형태로 모양을 만들 수 있는 도구로, 사각형, 모서리가 둥근 직사각형, 타원, 삼각형 등 자유롭게 형태 선택이 가능함

2 ▶ 내비게이터 패널

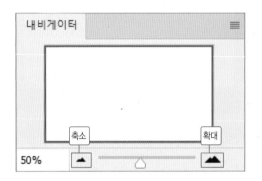

현재 작업하고 있는 화면의 전체적인 모습을 볼 수 있으며, 화면의 배율을 조절할 수 있습니다.

3 ▶ 레이어 패널

이미지를 구성하는 모든 레이어들을 볼 수 있으며, 직접 추가하거나 삭제할 수 있습니다. 그룹을 만들어서 레이어들을 하나의 묶음으로 정리할 수도 있습니다.

애프터 이펙트 화면 둘러보기

01 애프터 이펙트 메인 화면 살펴보기

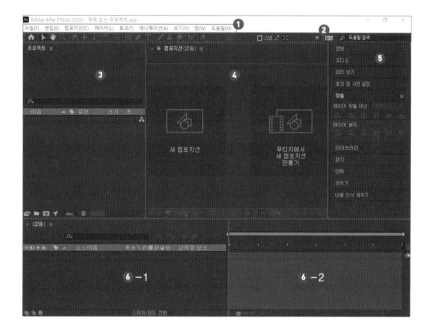

❶ **상단 바** : 애프터 이펙트의 모든 기능을 모아놓은 곳입니다.

❷ **도구 패널** : 작업에 필요한 다양한 도구들을 모아놓은 곳입니다. 선택 도구, 뒤로 팬
(기준점) 도구, 사각형 도구, 가로 문자 도구, 퍼펫 위치 핀 툴 등이 있습니다.

❸ **프로젝트 패널** : 새로운 프로젝트를 만들거나 만들었던 프로젝트, 이미지, 영상, 사운
드 등의 소스를 불러오는 곳입니다.

❹ **컴포지션 패널 및 미리보기 화면** : 새 컴포지션을 만들거나 현재 작업하고 있는 컴포
지션의 작업 내용을 실시간으로 미리보기 할 수 있는 곳입니다.

❺ **패널 모음 탭** : 자주 사용하는 패널들을 모아놓을 수 있는 즐겨찾기 같은 곳입니다.

⑥-1 ⑥-2 타임라인 패널 : 레이어를 관리하는 곳입니다. **⑥-1** 레이어의 이름 설정, 우선순위 변경, 모드 설정, 상위 레이어 설정 등 레이어의 기본을 구성하고, **⑥-2** 레이어의 키프레임을 조정하여 변형 및 움직임을 주거나 원하는 시간으로 이동하는 등 멈춰 있는 이미지를 영상으로 만들어 주는 곳입니다.

02 도구 패널 살펴보기

도구 패널의 다양한 도구들을 살펴보겠습니다. 도구 패널의 기능들은 컴포지션 패널에서 사용할 수 있습니다.

① **홈버튼(🏠)** : 어도비에서 제공하는 튜토리얼을 보거나 새로운 컴포지션을 만들 수 있는 창이 나옵니다. 이 책에서는 사용하지 않는 버튼입니다.

② **선택 도구(▶)** : 컴포지션 패널에서 레이어를 선택할 때 사용합니다. 단축키 V로 사용할 수 있습니다.

③ **손 도구(✋)** : 컴포지션 패널에서 미리보기 화면으로 이동할 때 사용합니다. Space Bar를 누른 상태에서 컴포지션 패널의 미리보기 화면을 클릭&드래그하여 사용할 수도 있습니다.

④ **확대/축소 도구(🔍)** : 컴포지션 패널의 미리보기 화면을 확대하거나 축소할 때 사용합니다. 컴포지션 패널의 미리보기 화면에서 마우스 휠로 확대/축소할 수도 있습니다.

⑤ **커서 주위 궤도 툴(🖼)**, ⑥ **커서 아래로 이동 툴(✛)**, ⑦ **커서를 향해 돌리 툴(⬇)** : 3D 레이어를 조정할 때 사용하는 기능입니다.

⑧ **회전 도구(↩)** : 레이어를 회전할 때 사용하는 도구입니다. 이 책에서는 사용하지 않는 도구입니다.

⑨ **뒤로 팬(기준점) 도구(▦)** : 레이어의 기준점을 설정할 때 사용하는 도구입니다. 레이어는 기준점을 중심으로 움직이므로 레이어의 객체를 확대/축소할 때, 어느 부분을 중심으로 할지 설정하거나 캐릭터 애니메이션에서 캐릭터의 관절을 설정할 때 자주 사용됩니다. 단축키 Y로 사용할 수 있습니다.

⑩ **사각형 도구(▣)** : 사각형 모양 레이어를 만들 때 사용합니다. 사각형 도구를 선택하고 컴포지션 패널의 미리보기 화면에서 원하는 위치에 클릭&드래그하면 사각형 모

양 레이어를 만들 수 있습니다. 사각형 도구를 클릭한 상태에서 다른 모양 도구로 바꿀 수도 있습니다.

⑪ **펜 도구(✎)** : 컴포지션 패널에서 펜 도구를 사용하여 원하는 모양의 레이어를 그릴 수 있습니다. 펜 도구를 선택하고 컴포지션 패널의 미리보기 화면에서 원하는 위치를 [클릭]하거나 클릭&드래그하여 자유로운 모양을 그릴 수 있습니다. 펜 도구 특성상 원하는 모양을 세밀하게 그리는 데는 적합하지 않고, 간단한 도형을 그리는 데 적합합니다. 이 책에서는 사용하지 않는 도구입니다.

⑫ **가로 문자 도구(T)** : 가로 문자 도구를 선택한 후 컴포지션 패널의 미리보기 화면에서 원하는 위치를 클릭하면 텍스트를 입력할 수 있는 텍스트 레이어를 생성할 수 있습니다. 단축키 Ctrl + T로 사용이 가능하며, 가로 문자 도구를 클릭한 상태에서 텍스트를 세로로 입력할 수 있는 세로 문자 도구도 선택할 수 있습니다.

⑬ **브러시 도구(✎)** : 레이어를 더블클릭하면 나오는 레이어 패널에서 브러시 도구를 사용하여 그림을 그릴 수 있습니다. 간단한 그림을 그리거나 손글씨를 쓰거나 패턴을 만들 때 주로 사용합니다. 브러시 패널에서 붓의 모양 등을 변경할 수 있고, 페인트 패널에서 브러시의 색상 등을 변경할 수 있습니다. 이 책에서는 사용하지 않는 도구입니다.

⑭ **복제 도장 도구(♠)** : 포토샵의 복제 도장과 같은 기능의 도구입니다. 복제 도장 도구를 사용하면 한 장소와 시간의 픽셀값을 복사하여 다른 장소와 시간에 적용할 수 있습니다. 예를 들어 복제 도장 도구를 통해 맑게 갠 하늘 이미지의 일부를 복사하여 전선처럼 필요 없는 부분을 제거하거나 새 한 마리를 여러 마리로 복사할 수 있습니다. 레이어 패널에서만 사용하며, 이 책에서는 사용하지 않는 도구입니다.

⑮ **지우개 도구(◆)** : 지우개 도구를 사용하면 수정하거나 애니메이션을 적용할 수 있는 지우개 선이 만들어집니다. 레이어 패널에서만 사용하며, 이 책에서는 사용하지 않는 도구입니다.

⑯ **로토 브러시 도구(✎)** : 포토샵의 자동 선택 도구와 같은 기능의 도구입니다. 이 책에서는 사용하지 않는 도구입니다.

⑰ **퍼펫 위치 핀 툴(✱)** : 퍼펫 위치 핀 툴을 사용하면 배치하거나 이동하는 핀의 위치에 따라 이미지를 변형할 수 있습니다. 이 도구를 사용하면 말랑말랑한 젤리처럼 객체에 더욱 자연스러운 움직임을 표현할 수 있습니다. 퍼펫 위치 핀 툴을 클릭한 상태에서 다양한 퍼펫 툴 옵션을 선택할 수 있습니다. 이 책에서는 기본형인 퍼펫 위치 핀 툴을 사용합니다.

프로젝트 패널은 새로운 프로젝트를 만들거나 만들어 두었던 프로젝트 또는 작업에 사용할 이미지, 사운드, 영상 등의 소스를 불러오는 곳입니다. 불러오려는 소스 파일이 담긴 폴더에서 파일을 클릭하고 프로젝트 패널로 클릭&드래그하면 소스 파일을 불러올 수 있습니다.

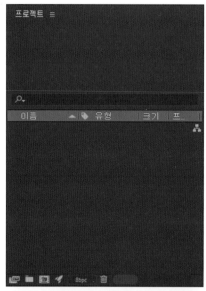

❶ **푸티지 해석** : 사용하지 않는 기능입니다.

❷ **새 폴더 만들기** : 프로젝트 패널에 새 폴더를 생성하는 기능입니다. 생성한 폴더에 컴포지션이나 레이어 등을 넣어 분류할 수 있습니다.

❸ **새 컴포지션 만들기** : 클릭하면 컴포지션 설정창이 나오고 수치를 설정하여 컴포지션을 만들 수 있는 기능입니다.

❹ **프로젝트 비디오 렌더링 및 효과 설정** : 프로젝트 렌더링 설정을 조정할 수 있습니다. 사용하지 않는 기능입니다.

❺ **프로젝트 색상 심도 설정** : 프로젝트 색상 심도를 조정하는 기능입니다. 기본 설정은 채널당 8비트입니다.

❻ **휴지통** : 선택한 프로젝트 항목을 삭제하는 기능입니다.

04 컴포지션 패널 살펴보기

컴포지션 패널에서는 새로운 컴포지션을 만들거나 컴포지션의 작업 내용을 실시간으로 미리보기 할 수 있습니다. 또한 확대 비율 팝업, 격자 및 안내선 옵션, 해상도/다운샘플링 요소 팝업 등 영상 작업에 보조적인 역할을 하는 기능들이 있습니다. 지금부터 컴포지션 패널에 있는 보조적인 기능들에 대해 살펴보겠습니다.

1 ▶ 확대 비율 팝업

확대 비율을 정밀하게 조절할 수 있습니다. 마우스 휠을 사용해서도 조절 가능합니다.

2 ▶ 격자 및 안내선 옵션 선택

제목/작업 보호
비례 격자
격자
안내선
눈금자
3D 참조 축

작업에 도움이 되는 격자와 안내선을 표시할 수 있습니다. 격자와 안내선은 렌더링 영상에 영향을 주지 않습니다.

| 제목/작업 보호

중앙을 기준으로 다양한 비율의 격자를 볼 수 있습니다.

| 비례 격자

같은 비율의 사격형으로 나눠진 격자를 볼 수 있습니다.

| 격자

더욱 세밀하게 나눠진 격자를 볼 수 있습니다.

| 눈금자

눈금자를 볼 수 있습니다. (단축키: Ctrl + R)

① 안내선 표시하기

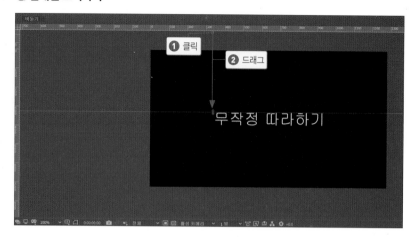

눈금자를 켜고 상단의 눈금자를 클릭한 상태에서 아래로 드래그하면 가로 안내선을 표시할 수 있습니다.

같은 방법으로, 왼쪽의 눈금자를 클릭한 상태에서 오른쪽으로 드래그하면 세로 안내선을 표시할 수 있습니다. 안내선을 활용하면 객체들의 위치를 좀 더 일정하게 설정할 수 있습니다.

② 안내선 끄기

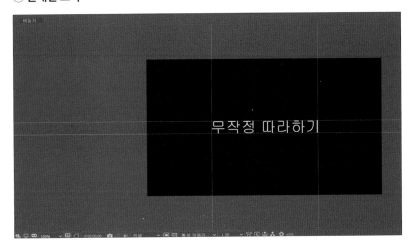

안내선은 눈금자를 끈 상태에서도 표시됩니다. [격자 및 안내선 옵션 선택]의 [안내선]을 클릭하면 안내선을 끄거나 켤 수 있습니다. 안내선을 끄더라도 선만 보이지 않을 뿐, 안내선은 삭제되지 않습니다.

③ 안내선 삭제하기

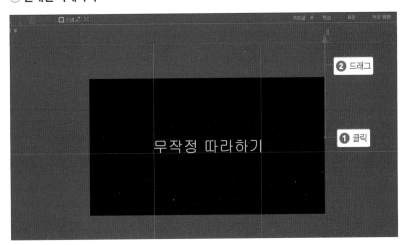

안내선을 표시할 때와 마찬가지로 표시된 안내선을 클릭한 상태에서 컴포지션 패널의 미리보기 화면 밖으로 드래그하면 안내선을 삭제할 수 있습니다.

3 ▶ 해상도/다운샘 플링 요소 팝업

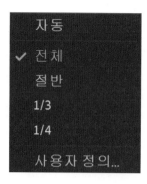

미리보기 해상도를 조절할 수 있습니다. 해상도를 낮게 조절할수록 좀 더 빠른 미리보기가 가능해집니다. 렌더링 영상에는 영향을 주지 않습니다.

05 패널 모음 탭 살펴보기

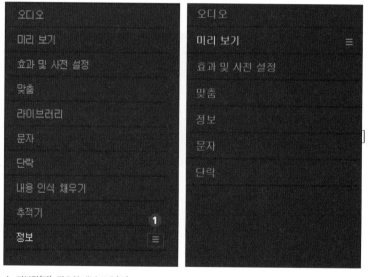

▲ 기본값(좌), 필요한 패널 모음(우)

패널 모음 탭은 영상 제작에 필요한 패널을 모아놓을 수 있는 즐겨찾기 같은 곳입니다. 패널은 상황에 따라 자동으로 추가되거나 [상단 바]의 [창]에서 추가할 수 있습니다. ❶의 옵션을 통해 패널을 닫거나 패널 모음 탭에서 분리할 수도 있습니다. 지금부터 앞으로 자주 사용하게 될 패널들에 대해 살펴보겠습니다.

1 ▶ 오디오 패널

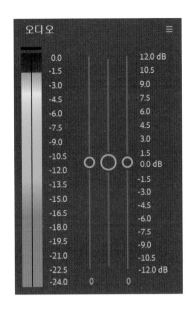

영상에 들어간 오디오의 데시벨(dB)을 확인하거나 조절할 수 있습니다. 소리 막대가 빨간 영역 위쪽(0.0)에 닿는다면 소리가 깨질 수도 있습니다. 이러한 경우, 해당 레이어를 클릭한 뒤 데시벨(dB)을 −로 낮춰서 소리 막대가 사진에서처럼 주황 영역으로 내려오도록 맞춰주면 좋습니다. 반대로 소리가 너무 작아서 소리 막대가 초록 영역까지만 올라온다면 데시벨(dB)을 +로 높여서 소리 막대가 주황 영역에 머물도록 해줍니다.

2 ▶ 미리보기 패널

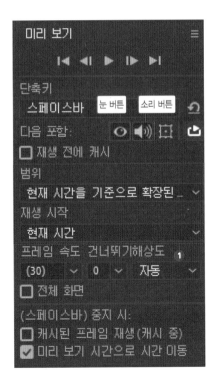

미리보기 패널에서는 컴포지션 패널의 미리보기 화면을 재생하거나 재생하는 옵션을 설정할 수 있습니다. 눈 버튼과 소리 버튼을 사용하면 영상 또는 소리만 재생할 수 있고, ❶에서 재생 범위와 재생 시작 시간을 변경할 수도 있습니다.

3 ▶ 효과 및 사전 설정 패널

효과 및 사전 설정 패널에서는 다양한 영상 효과를 사용해 볼 수 있습니다. 원하는 효과를 클릭한 후 효과를 넣으려는 레이어에 클릭&드래그하여 효과를 넣을 수 있습니다.

4 ▶ 맞춤 패널

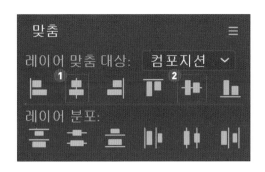

맞춤 패널에서는 화면을 기준으로 객체를 정렬할 수 있습니다. 정렬하려는 레이어를 선택하고, 원하는 정렬 버튼을 클릭하여 사용합니다.

| 맞춤 패널 사용 예시

① 화면 기준 정렬

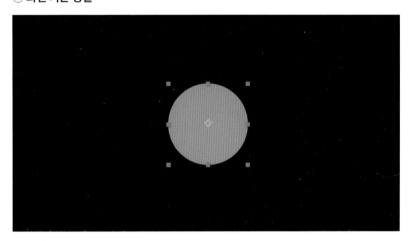

객체가 포함된 레이어를 선택한 후 [레이어 맞춤 대상]을 [컴포지션]으로 설정하고 위의 맞춤패널의 ❶, ❷를 클릭하면 객체가 화면 중앙에 정렬됩니다.

② 여러 객체 정렬

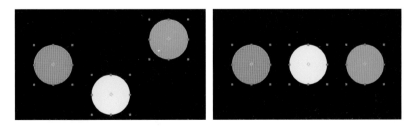

다수의 객체가 선택된 상태에서도 맞춤 패널을 사용하여 정렬이 가능합니다. 모든 버튼을 직접 클릭해보며 각 버튼의 기능을 사용해 보세요.

5 ▶ 정보 패널

정보 패널에서는 [컴포지션 패널]의 미리보기 화면에서 마우스 커서가 위치한 곳의 색상 및 위치 정보나 [타임라인 패널]에서 선택한 레이어의 지속, 시작, 종료 시간 정보를 볼 수 있습니다.

6 ▶ 문자 패널

문자 패널에서는 텍스트 레이어의 폰트나 크기, 색상 등을 설정해 줄 수 있습니다. 문자 패널이 켜져 있지 않더라도 텍스트 레이어를 만들면 자동으로 생성됩니다.

7 ▶ 단락 패널

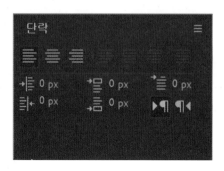

단락 패널은 텍스트 레이어의 문자를 정렬할 때 사용합니다. 이 책에서는 사용하지 않습니다. 단락 패널이 켜져 있지 않더라도 텍스트 레이어를 만들면 문자 패널과 함께 자동으로 생성됩니다.

타임라인 패널 살펴보기

타임라인 패널에서는 프로젝트 패널에 불러온 이미지나 사운드 등의 소스를 레이어로 만들 수 있고, 이러한 레이어들을 타임라인에 배치하고 키프레임을 부여하여 영상으로 만들 수 있습니다. 또한 레이어의 크기, 각도, 투명도 등의 속성을 변형하거나 효과의 세부사항을 조절할 수도 있습니다.

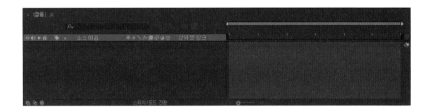

02

객체와 캐릭터
애니메이션

Chapter 1. 말랑말랑 젤리

Chapter 2. 먹이를 쪼아 먹는 비둘기

Chapter 3. 메롱하는 강아지

Chapter 4. 인사하는 소년

Chapter 5. 걸어가는 소녀

Chapter 6. 대화하는 자매

Chapter 7. 정차하는 기차

말랑말랑 젤리

*예제 미리보기
QR코드를 핸드폰 카메라에 인식시켜주세요!

첫 애니메이션 예제로 말랑말랑하게 움직이는 젤리를 준비했습니다. 포토샵의 브러시, 페인트통 도구를 사용하여 붉은 젤리를 그리고, 애프터 이펙트에 파일을 불러와 퍼펫 위치 핀 툴, 비율 기능을 사용하여 모션을 만들어 주도록 하겠습니다.

Ps

포토샵으로 젤리 그리기

● **완성파일**: PART2/CHAPTER1/말랑말랑젤리.PSD

1 바탕 화면의 포토샵 아이콘을 더블클릭하여 포토샵을 엽니다.

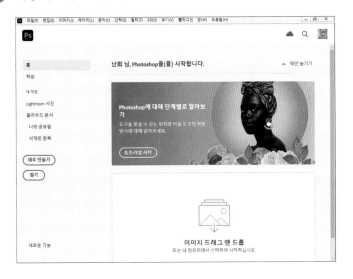

2 상단 메뉴 바의 [파일(F)]-[새로 만들기(N)]를 클릭하여 새로운 대지를 만듭니다.

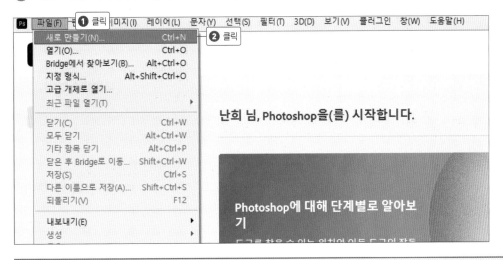

TIP 새로 만들기 단축키 - Ctrl + N

③ [새로 만들기 문서]가 열리면 폭과 높이의 수치를 입력한 후 [만들기] 버튼을 클릭합니다.

- 폭 : 1280
- 높이 : 720
- 단위 : 픽셀
- 해상도 : 72

④ 새로운 대지가 생성되었습니다. 이 흰색의 대지에 그림을 그려보겠습니다.

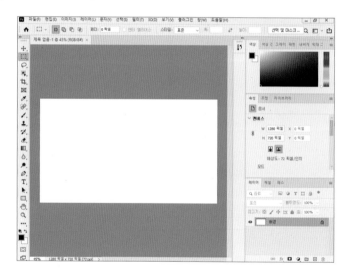

⑤ 오른쪽의 [레이어] 패널에서 [새 레이어의 추가 ▣] 버튼을 클릭합니다. [배경] 레이어 위로 투명한 [레이어 1] 레이어가 추가되었습니다.

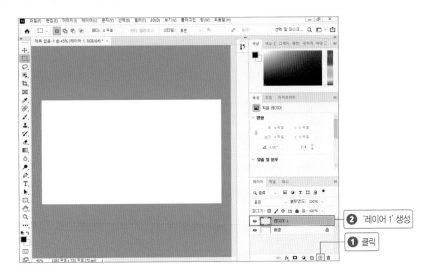

⑥ 그림 작업이 용이하도록 화면의 크기 비율을 조절할 수 있는 [내비게이터] 패널을 열어줍니다. 상단 메뉴 바에서 [창]–[내비게이터]를 클릭합니다.

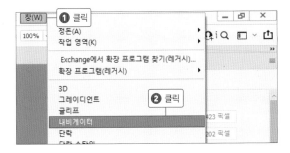

⑦ 새로 생겨난 [내비게이터] 패널을 드래그하여 오른쪽 패널 모음으로 옮겨줍니다.

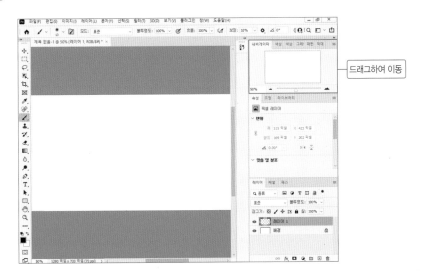

TIP 내비게이터에 있는 두 개의 산 버튼 중 작은 산 버튼을 클릭하면 화면 배율이 줄어들고, 큰 산 버튼을 클릭하면 화면 배율이
커집니다. 화면 배율을 조절하여 대지 크기를 조절할 수 있습니다.

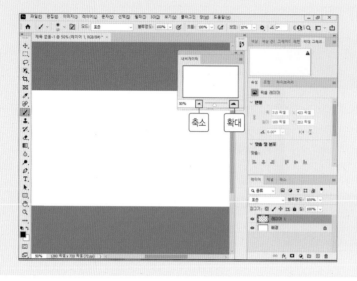

8 [브러시 도구 ✓]를 클릭한 후 상단의 [브러시 옵션]에서 브러시의 종류를 '선명한 원', 크기를 '15픽셀'
로 설정합니다.

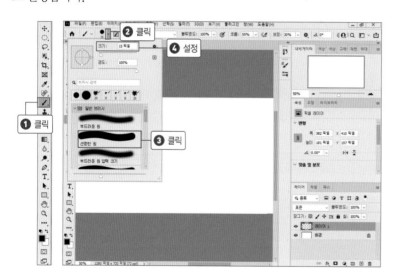

TIP [브러시 설정] 메뉴를 클릭하여 [브러시 모양]에서 '펜 압력'이 적용되도록 바꾸어주면 그림을 보다 날렵하고 깔끔하게 그릴 수 있습니다.

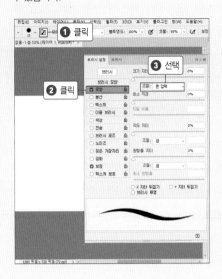

9 화면 한가운데에 말랑말랑한 젤리를 그려줍니다.

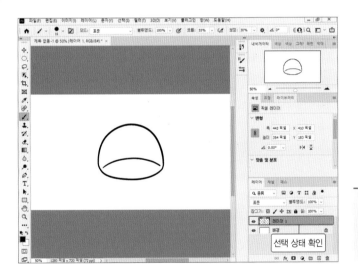

TIP [레이어 1] 레이어가 선택되어 있는 상태에서 드로잉을 해야 합니다.

⑩ [새 레이어의 추가 ▣] 버튼을 클릭하여 [레이어 2]를 생성합니다. 레이어의 블렌딩 모드를 [곱하기]
모드로 변경합니다.

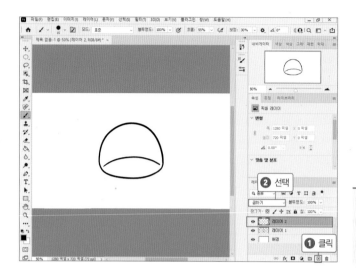

TIP [레이어 1]은 선 레이어이고, [레이어 2]는 색상이 들어가는 레이어로 쓰입니다.

⑪ 이제 젤리를 채색합니다. 왼쪽의 툴 바에서 [페인트 통 도구 ◇]를 클릭한 후 상단 옵션 메뉴에서 [모든 레이어]를 체크합니다.

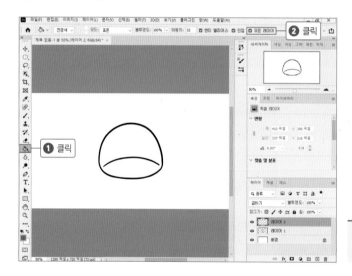

TIP 페인트 통 도구 단축키 - G

TIP 페인트 통이 안 보여요!

[그레이디언트 도구 ▣]를 마우스 오른쪽 버튼으로 클릭하면 [페인트 통 도구 ◇]의 아이콘이 보입니다.

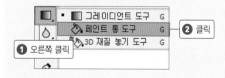

12 화면 왼쪽 툴 바에 있는 [색상 피커]를 클릭하여 빨강을 선택합니다. 그런 다음 젤리의 외곽선 안쪽을 클릭하여 채색합니다.

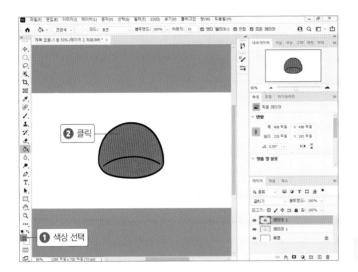

• 젤리의 색상 : #ff4d4b

TIP 색상값을 입력하는 방법

화면 왼쪽 툴 바에서 [색상 피커] 부분을 클릭하면 색상값을 입력하는 창이 나옵니다. 색상환에서 색상을 직접 골라도 되고, 아래의 # 칸에 16진수의 값을 입력해도 됩니다. 색상 선택을 완료하면 [확인] 버튼을 클릭합니다.

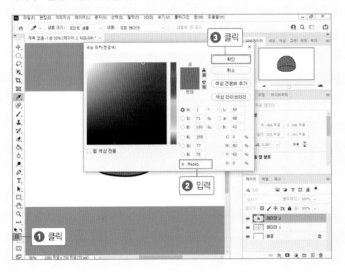

⓭ [브러시 도구 🖌]를 클릭한 후 [색상 피커]에서 색상을 고르고, 젤리의 윤기와 안쪽의 음영을 그려넣습니다.

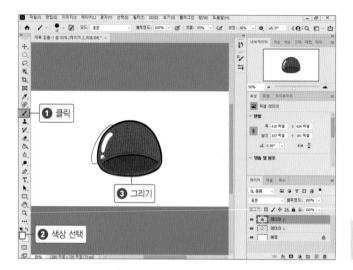

• 윤기의 색상 : #ffffff
• 젤리의 아래쪽 음영의 색상 : #cb4745

⓮ 젤리 그림이 완성되었습니다. 여기서 레이어 병합 단축키인 Ctrl + E를 눌러 [레이어 1]과 [레이어 2]를 하나의 레이어로 병합합니다. 두 개의 레이어를 합쳐서 하나의 레이어로 완성하는 과정입니다.

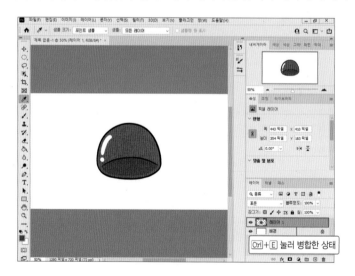

Ctrl + E 눌러 병합한 상태

15 [배경] 레이어를 선택한 후 [삭제] 버튼을 클릭하여 삭제합니다. '배경 레이어를 삭제하시겠습니까?'라는 알림창이 뜨면 [예(Y)]를 클릭합니다.

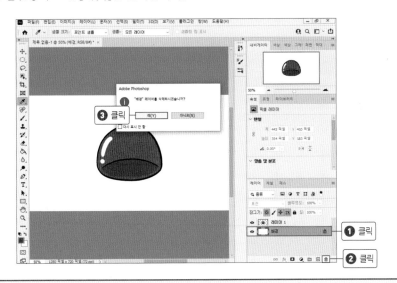

TIP 삭제 경고 알림창이 계속 뜨는 것이 싫다면 '다시 표시 안 함' 체크박스를 체크해 줍니다.

16 말랑말랑한 젤리가 그려진 단일 레이어만 남았습니다.

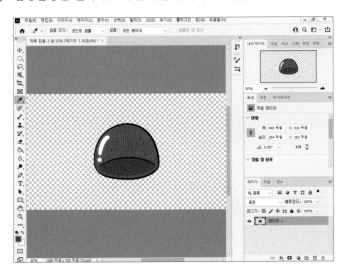

17 [파일]−[다른 이름으로 저장]을 클릭해 저장합니다.

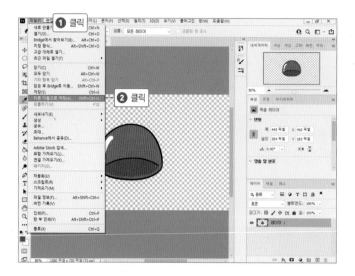

18 [다른 이름으로 저장]창이 뜨면 위치는 '바탕 화면'을 클릭하고, 파일 이름은 '말랑말랑젤리', 파일 형식은 'Photoshop (*.PSD)'를 선택합니다. [저장(S)] 버튼을 클릭하면 바탕 화면에 '말랑말랑젤리.psd' 파일이 저장됩니다.

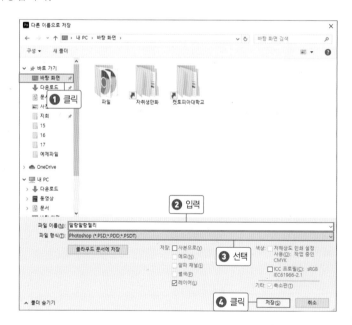

19 호환성 최대화 알림창이 뜨면 [확인] 버튼을 클릭합니다. 이때 '다시 표시 안 함'을 체크하면 앞으로 이 옵션에 관한 알림창이 뜨지 않습니다.

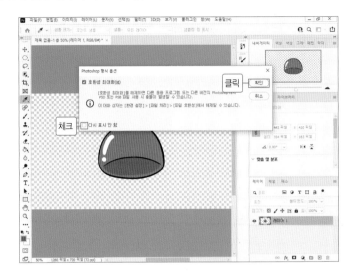

20 '말랑말랑젤리.PSD' 파일이 완성되었습니다.

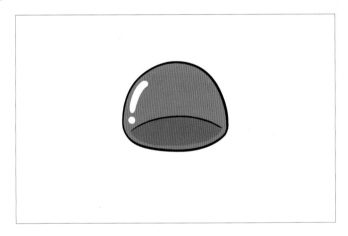

애프터 이펙트로 움직이기

- ● **예제파일**: PART2/CHAPTER1/말랑말랑젤리.PSD, 말랑말랑한 젤리.AEP
- ● **완성파일**: PART2/CHAPTER1/말랑말랑젤리.MOV

① 바탕 화면의 애프터 이펙트 아이콘을 더블클릭하여 애프터 이펙트를 열어줍니다. 애프터 이펙트를 실행하면 나오는 홈 화면에서 [닫기(X)]를 클릭하여 닫아줍니다.

② 다시 바탕 화면으로 돌아와 말랑말랑젤리.PSD 파일을 저장했던 폴더를 엽니다.

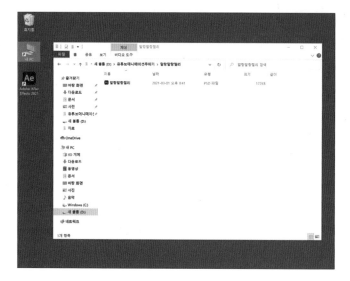

③ '말랑말랑젤리.PSD' 파일을 애프터 이펙트의 프로젝트 패널로 클릭&드래그하여 불러옵니다.

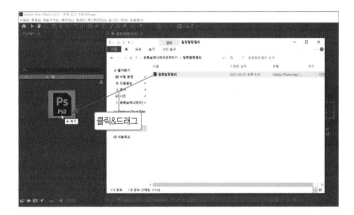

④ 불러오기 옵션창이 뜨면 [가져올 파일 종류]를 '컴포지션'으로 선택하고, [레이어 옵션]을 '레이어 스타일을 푸티지로 병합'으로 선택한 후 [확인]을 클릭합니다. 프로젝트 패널에 '말랑말랑젤리.PSD' 파일이 들어 있는 [컴포지션]이 자동으로 생성됩니다.

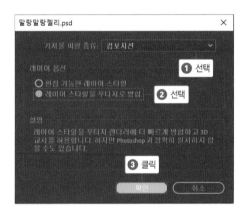

⑤ 생성된 '말랑말랑젤리' 컴포지션에서 마우스 오른쪽 버튼을 클릭한 후 [컴포지션 설정]을 클릭합니다.

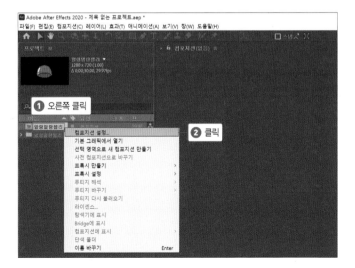

6 [컴포지션 설정]창의 옵션들을 아래의 값을 참고하여 설정해 주고 [확인]을 클릭합니다.

❶ 설정

❷ 클릭

- 컴포지션 이름 : 말랑말랑젤리
- 폭 : 1280
- 높이 : 720
- 프레임 속도 : 29.97
- 지속시간 : 0:00;30:00

TIP 만약 폭과 높이의 값이 다르다면 포토샵에서 값을 다르게 설정해 준 것이니 포토샵에서 [폭 : 1280px, 높이 : 720px]로 수정하여 저장하고 **❷**~**❸**으로 돌아가서 수정된 파일을 다시 불러옵니다.

7 프로젝트 패널에서 '말랑말랑젤리' 컴포지션을 더블클릭한 후 타임라인 패널에 생긴 [레이어 2]를 클릭합니다. 레이어의 이름은 포토샵에서 설정한 것에 따라서 다를 수 있습니다.

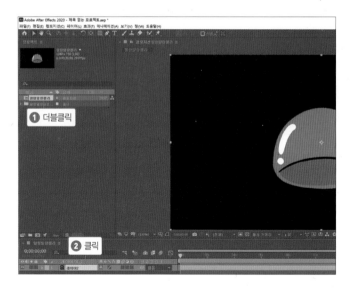

❶ 더블클릭

❷ 클릭

⑧ 먼저 젤리가 말랑말랑 움직이는 모습을 표현해 보겠습니다. 도구 패널의 [퍼펫 위치 핀 툴 📌]을 선택한 후 미리보기 화면의 젤리 이미지에 사진과 같이 4곳을 순서대로 클릭하여 핀을 찍어줍니다. 타임라인 패널의 [레이어 2]를 클릭하고, 상단 메뉴 바에서 [애니메이션]–[키프레임이 있는 속성 표시(단축키 Ⓤ)]를 클릭하면 찍어 놓은 핀의 키프레임이 생성된 것을 볼 수 있습니다.

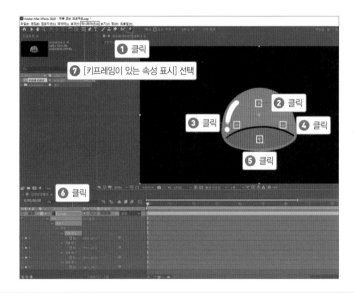

TIP 키프레임을 포함하고 있는 레이어가 선택된 상태에서 키보드의 Ⓤ를 누르면 키프레임이 있는 속성을 모두 표시 또는 숨기기 할 수 있습니다. 상단 메뉴 바의 [애니메이션]-[키프레임이 있는 속성 표시]로도 할 수 있습니다.

TIP 단축키를 사용할 때는 반드시 키보드가 영어 모드가 되어 있어야 합니다. 단축키 사용 시에는 키보드의 [한/영] 전환 키를 이용하여 키보드를 영어 모드로 바꿔줍니다.

⑨ 상단 메뉴 바에서 [파일] – [저장(단축키 Ctrl + S)]을 클릭하여 원하는 경로의 폴더를 선택하고 파일 이름을 입력한 후 [저장]을 클릭합니다.

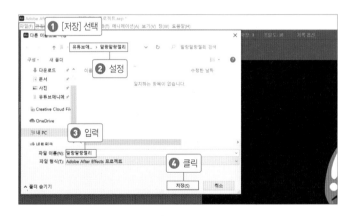

TIP 애프터 이펙트는 사용하는 컴퓨터 사양에 따라서 갑자기 멈추거나 종료되는 일이 빈번하게 생길 수 있으므로 앞으로 책에서 따로 언급이 없더라도 수시로 저장을 하여 불상사를 예방해 줍니다.

⑩ 시간 탐색기의 종료점을 클릭한 상태에서 시작점 쪽으로 드래그하여 사진과 같이 간격을 줄여서 시간을 더 세부적으로 보고, 시간 눈금자에서 [05f]를 클릭하여 현재 시간 표시기가 [05f]에 위치하도록 합니다.

> TIP (1)을 클릭하여 숫자 '5'를 입력한 후 Enter↵ 를 누르는 방법으로도 할 수 있습니다.

> TIP 컴포지션 설정 옵션의 프레임 설정에 따라 다르지만 보통 1초는 30프레임(또는 29.97프레임)으로 설정합니다. 즉, 1초 = 30f, 0.5초 = 15f입니다.

⑪ 타임라인 패널에서 레이어의 [퍼핏 핀 1]을 클릭하고 미리보기 화면에서 선택된 핀을 클릭한 상태에서 사진과 같이 왼쪽 위 대각선으로 약간 드래그합니다. 그러면 현재 시간 표시기가 위치한 곳에 키프레임이 하나 생기게 됩니다.

> TIP 미리보기 화면을 클릭하고 마우스 휠을 이용하여 화면을 확대하면 세밀한 작업을 하기 편합니다.

⑫ 같은 방법으로 현재 시간 표시기를 [10f]에 위치시켜 놓고 타임라인 패널에서 레이어의 [퍼핏 핀 1]을 클릭합니다. 미리보기 화면에서 선택된 핀을 클릭한 상태에서 사진과 같이 오른쪽 위 대각선으로 약간 드래그합니다. 그러면 현재 시간 표시기가 위치한 곳에 키프레임이 하나 생기게 됩니다.

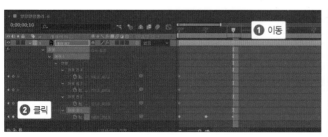
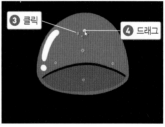

⑬ 다시 같은 방법으로 현재 시간 표시기를 [15f]에 위치시켜 놓고 타임라인 패널에서 레이어의 [퍼핏 핀 1]을 클릭한 후 미리보기 화면에서 선택된 핀을 사진과 같이 왼쪽 아래 대각선으로 드래그합니다.

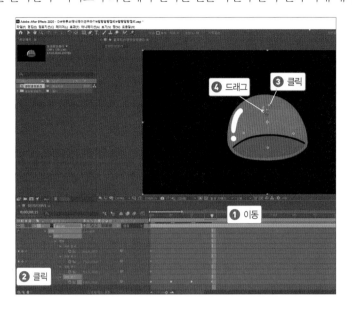

⑭ 마찬가지로 현재 시간 표시기를 [20f]에 위치시켜 놓고 선택된 핀을 사진과 같이 오른쪽 위 대각선으로 드래그합니다.

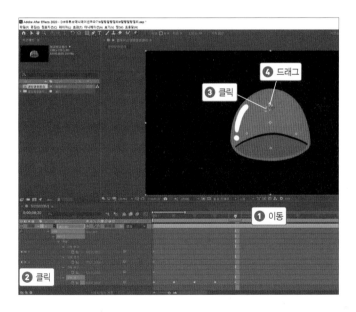

15 현재 시간 표시기를 [25f]에 위치시켜 놓고 선택된 핀을 사진과 같이 처음 핀을 찍었을 때의 위치로 드래그합니다. 현재 시간 표시기를 [0:00f]에 위치시킨 후 Space Bar 를 눌러 미리보기 화면을 재생하여 움직임이 자연스러운지 확인합니다.

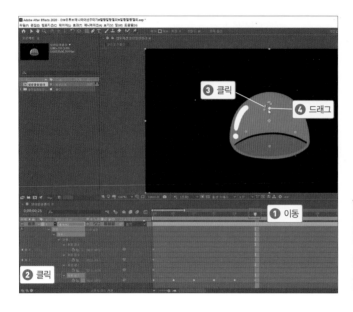

TIP 앞선 스텝의 퍼핏 핀 위치를 조금씩 수정해 보며 스스로 감각을 익혀가면 점점 자연스러운 움직임 표현이 가능해집니다.

16 [05f]에 있는 키프레임부터 [25f]의 키프레임까지 드래그하여 모두 선택한 후 Ctrl + C를 눌러 복사합니다.

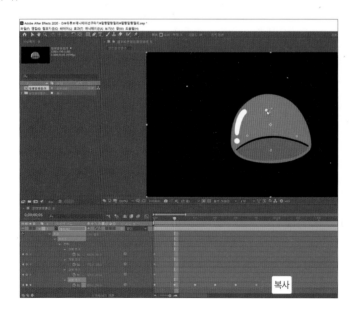

17 현재 시간 표시기를 [01:00f]로 이동시킨 후 Ctrl + V 를 눌러 붙여넣기 합니다.

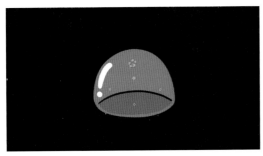

TIP 붙여넣기를 하기 전에 다른 곳을 클릭하지 않도록 주의합니다. 이제 젤리가 말랑말랑 움직이는 모습이 완성되었습니다.

TIP 만약 다른 퍼핏 핀이나 패널을 클릭했다면 다시 타임라인 패널에 있는 레이어의 [퍼핏 핀 1]을 클릭합니다.

18 이제 젤리가 '뿅'하고 등장하는 모습을 표현해 보겠습니다. 타임라인 패널에 있는 레이어를 클릭한 후 S 를 눌러 [비율] 옵션을 표시해 줍니다. 만약 S 를 눌러도 옵션이 표시되지 않는다면 표시될 때까지 누릅니다. 그런 다음 현재 시간 표시기를 맨 처음으로 위치시킨 후 [초시계 🕐]를 클릭하여 키프레임을 생성합니다.

19 생성된 키프레임을 클릭한 후 [10f]로 드래그합니다.

20 현재 시간 표시기를 다시 맨 처음으로 위치시키고, 비율 수치에 숫자 '0'을 입력한 후 Enter↵ 를 누릅니다. 그러면 미리보기 화면에서 젤리의 비율이 0이 되면서 보이지 않습니다.

21 현재 시간 표시기를 [06f]에 위치시키고, 비율 수치에 '110'을 입력한 후 Enter↵ 를 누릅니다. 시간 눈금자에 [06f]가 표시되지 않더라도 (1)의 시간 표시에서 확인할 수 있습니다.

TIP   시간 탐색기의 간격을 더 줄이면 프레임 단위를 더욱 세밀하게 볼 수 있습니다.

22 같은 방법으로 현재 시간 표시기를 [07f]에 위치시키고, 비율 수치에 '90'을 입력한 후 Enter↵ 를 누릅니다.

23 다시 같은 방법으로 현재 시간 표시기를 [08f]에 위치시키고, 비율 수치에 '105'를 입력합니다.

24 마찬가지로 현재 시간 표시기를 [09f]에 위치시키고, 비율 수치에 '95'를 입력합니다. 이제 말랑말랑 젤리가 등장하는 모습이 완성되었습니다.

25 다음으로 젤리가 등장하는 시간을 조절해 보겠습니다. [06f~10f]에 생성된 5개의 키프레임을 드래그하여 모두 선택한 후 Alt 를 누른 상태에서 [10f]에 있는 키프레임을 클릭한 상태에서 [20f]까지 드래그해 줍니다.

TIP Alt 를 누른 상태에서 드래그하면 선택한 키프레임들의 간격 비율이 유지된 상태로 전체적인 길이를 조절할 수 있습니다.

26 [0:00f]와 [06f]의 키프레임을 모두 선택한 후 선택된 키프레임에서 마우스 오른쪽 버튼을 클릭하여 [키프레임 도우미] – [천천히 들어오기]를 클릭합니다.

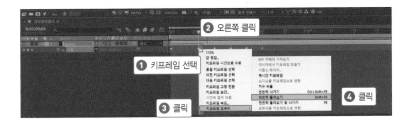

TIP [키프레임 도우미]를 사용하면 움직임이 좀 더 자연스러워집니다.

27 [0:00f]와 [06f]의 키프레임 모양이 바뀐 것을 확인할 수 있습니다. 이제 말랑말랑 젤리가 완성되었습니다.

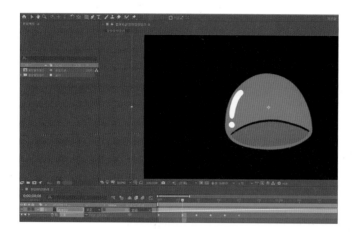

28 완성된 영상을 렌더링하기 위해서 상단 메뉴 바의 [파일] – [내보내기] – [렌더링 대기열에 추가]를 클릭하여 렌더링을 준비합니다.

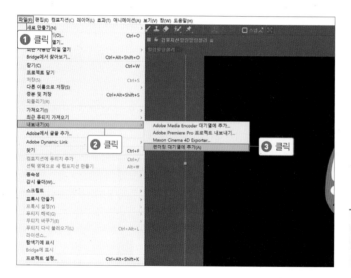

TIP 렌더링 대기열에 추가 단축키 -
Ctrl + M

29 이제 영상 파일 출력 모듈을 설정해 보겠습니다. 이번 예제는 단독으로 사용해도 되는 영상이지만 이 책의 목적은 여러 가지 예제 영상 소스들을 스토리가 있는 하나의 영상으로 만드는 것이기 때문에 다른 영상 소스와 함께 사용하는 것을 염두에 두고 젤리를 제외한 배경은 투명한 상태로 출력할 것입니다. [손실 없음]을 클릭하고 형식을 [QuickTime]으로 선택하고 채널을 [RGB+알파]로 선택한 후 [확인]을 클릭합니다.

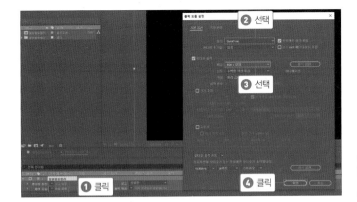

- 형식 : QuickTime
- 채널 : RGB+알파

30 영상을 저장할 경로를 설정해 주기 위해 '아직 지정되지 않았습니다.'를 클릭하고 원하는 저장 경로를 선택하고 파일 이름을 입력한 후 [저장]을 클릭합니다.

31 이제 렌더링 준비가 완료되었습니다. [렌더링] 버튼을 클릭하여 렌더링을 진행합니다. 렌더링이 완료되면 창을 닫아도 됩니다.

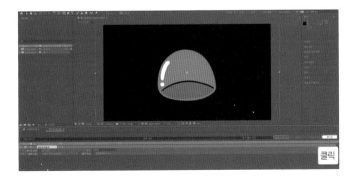

02

먹이를 쪼아 먹는 비둘기

*예제 미리보기
QR코드를 핸드폰 카메라에 인식시켜주세요!

우리에게 정말 익숙한 새, 비둘기를 포토샵으로 그려보고 관절을 구분하여 이미지 소스로 만들어 봅니다. 그다음 애프터 이펙트의 뒤로 팬(기준점) 도구, 회전 옵션을 사용하여 먹이를 쪼아 먹는 모션을 더해주겠습니다.

Ps

포토샵으로 비둘기 그리기

◉ **완성파일** : PART2/CHAPTER2/비둘기.PSD

1 새로운 대지를 만든 후 [새 레이어의 추가 ⊞] 버튼을 클릭하여 [레이어 1]을 생성합니다.

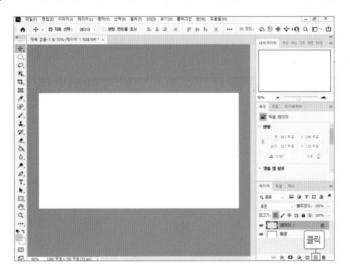

> TIP **새로운 문서를 만드는 방법**
> 상단 메뉴 바에서 [파일]-[새로
> 만들기]를 클릭한 후 아래의 정
> 보를 입력하고 [만들기] 버튼을
> 클릭합니다.
>
> • 폭 : 1280
> • 높이 : 720
> • 단위 : 픽셀
> • 해상도 : 72

2 [브러시 도구 ☑]를 클릭한 후 [레이어 1]에 비둘기 머리를 길쭉하게 그려줍니다.

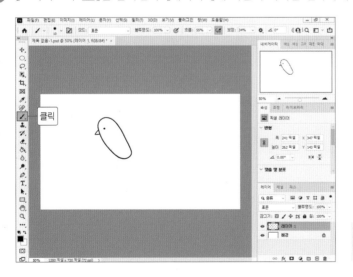

• 브러시의 종류 : 선명한 원
• 크기 : 9~10픽셀

095

❸ [새 레이어의 추가 🔲] 버튼을 클릭하여 [레이어 2]를 생성합니다. 여기에는 비둘기의 몸통을 그려줍니다.

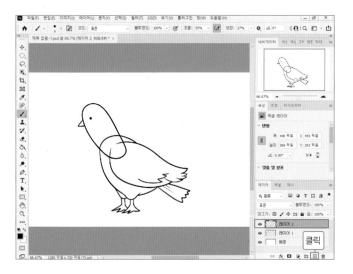

❹ [새 레이어의 추가 🔲] 버튼을 클릭하여 [레이어 3]을 생성합니다. 여기에는 비둘기의 머리를 채색합니다. 이때 비둘기의 몸통이 그려진 [레이어 2]를 끄고 원하는 색을 선택한 후 클릭하여 채색합니다. [페인트 통 도구 🪣]를 클릭한 후 [레이어 3]에 비둘기의 얼굴과 부리를 클릭하여 채색합니다.

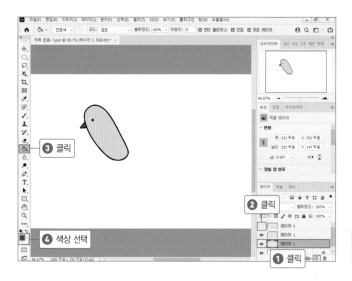

- 비둘기 머리 색 : #d6d6d6
- 비둘기 부리 색 : #525252

5 Ctrl + E 를 눌러 [레이어 1]과 [레이어 3]을 병합합니다. 비둘기의 머리가 완성되었습니다.

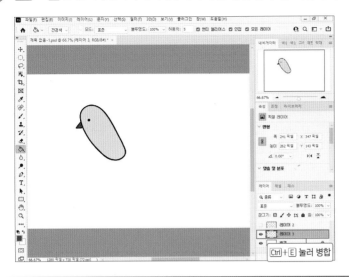

TIP 레이어를 병합하는 방법

1. 병합할 레이어들을 Ctrl 을 누른 상태로 마우스로 클릭합니다.
2. 레이어 병합 단축키인 Ctrl + E 를 눌러줍니다. 그러면 선택한 레이어들이 병합됩니다.

---

6 [새 레이어의 추가 🗔] 버튼을 클릭하여 [레이어 4]를 생성한 후 몸통이 보이도록 [레이어 2]를 켜줍니다. 여기에는 [페인트 통 도구 🪣]를 클릭하고 색상을 선택하여 비둘기의 몸통을 채색합니다. 몸통의 세밀한 부분은 [브러시 도구 ✐]를 사용하여 깔끔하게 칠해줍니다.

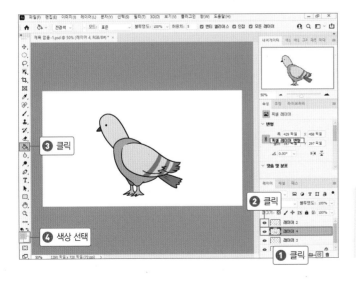

• 비둘기 몸통 색 : #a6a6a6
• 비둘기 날개 색 : #d6d6d6
• 비둘기 꼬리와 무늬 색 : #707886
• 비둘기 발 색 : #ffb8aa

7 Ctrl + E를 눌러 [레이어 2]와 [레이어 4]를 병합합니다. 비둘기의 몸통이 완성되었습니다. 파일을 저장하기 전에 [배경] 레이어를 삭제합니다.

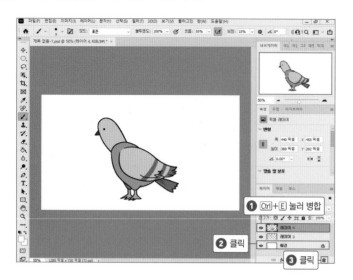

8 다음과 같이 배경이 삭제됩니다.

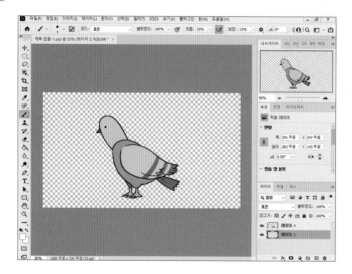

9 Ctrl + Alt + S를 누른 후 [다른 이름으로 저장]창이 뜨면 저장할 폴더를 지정하고, 파일 이름은 '비둘기', 파일 형식은 'Photoshop (*PSD)'를 선택한 다음 [저장]을 클릭합니다.

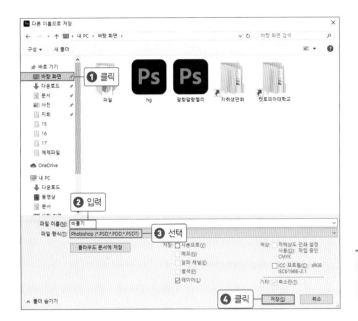

TIP **다른 이름으로 저장**

단축키 - Ctrl + Alt + S

10 귀여운 비둘기 그림이 완성되었습니다.

STEP 02 애프터 이펙트로 움직이기

⊙ **예제파일** : PART2/CHAPTER2/비둘기.PSD, 먹이를쪼아먹는비둘기.AEP
⊙ **완성파일** : PART2/CHAPTER2/먹이를쪼아먹는비둘기.MOV

① 애프터 이펙트를 실행하고, 저장했던 폴더를 열어 비둘기의 PSD 파일을 애프터 이펙트의 프로젝트 패널로 클릭&드래그하여 불러옵니다.

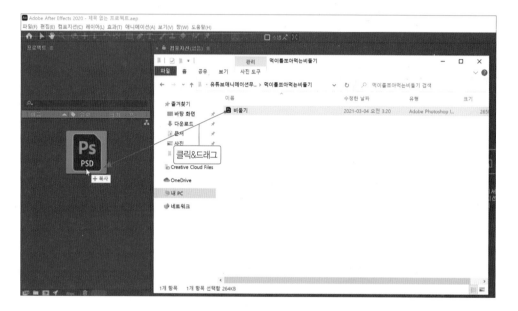

② 불러오기 옵션창에서 [가져올 파일 종류]를 '컴포지션'으로 선택하고, [레이어 옵션]을 '레이어 스타일을 푸티지로 병합'으로 선택한 후 [확인]을 클릭합니다. 프로젝트 패널에 '비둘기.PSD' 파일이 들어 있는 [컴포지션]이 자동으로 생성됩니다.

TIP 컴포지션 설정 부분은 생략합니다. Chapter 1-STEP 2의 ⑤, ⑥을 참고하여 설정해 줍니다.

③ 프로젝트 패널에서 '비둘기' 컴포지션을 더블클릭하여 엽니다.

④ 비둘기의 머리를 움직이기에 앞서 비둘기의 머리는 해당 레이어의 기준점을 중심으로 회전하기 때문에 비둘기 머리가 자연스럽게 움직이기 위해서는 레이어의 기준점을 실제 비둘기의 관절에 기초하여 설정해 주어야 합니다. 먼저 타임라인 패널에서 비둘기의 머리가 있는 [레이어 3]을 클릭한 후, 도구 패널에서 [뒤로 팬(기준점) 도구 █]를 클릭합니다. 미리보기 화면에서 [레이어 3]의 기준점을 클릭한 상태에서 사진과 같이 비둘기 목뼈의 시작점이 있을 것 같은 부분으로 드래그합니다.

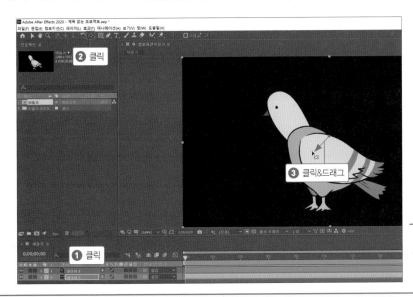

TIP **뒤로 팬(기준점)**

도구 단축키 - Y

TIP 레이어의 이름은 포토샵에서 설정한 것에 따라서 다를 수 있습니다.

⑤ 타임라인 패널의 [레이어 3]이 선택된 상태에서 R을 눌러 [회전] 옵션을 표시해 줍니다. 만약 R을 눌러도 옵션이 표시되지 않는다면 표시될 때까지 누릅니다. 시간 탐색기의 종료점을 클릭한 상태에서 시작점 쪽으로 드래그하여 사진과 같이 간격을 줄여서 시간을 더 세부적으로 봅니다. 현재 시간 표시기를 맨 처음으로 위치시킨 후 [초시계 ⌚]를 클릭하여 키프레임을 생성합니다.

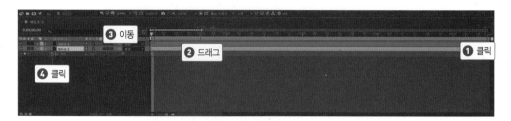

⑥ 시간 눈금자에서 [05f]를 클릭하여 현재 시간 표시기가 [05f]에 위치하도록 합니다. 그리고 회전 수치에 '-70'을 입력한 후 Enter↵를 누르면 키프레임이 생성됩니다. 예제에서는 나중에 젤리를 쪼아 먹는 장면을 연출할 것을 염두에 두고 젤리의 공간만큼을 띄웠습니다.

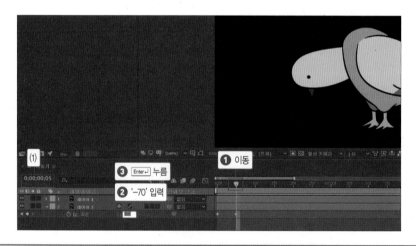

TIP (1)을 클릭하여 숫자 '5'를 입력한 후 Enter↵를 누르는 방법으로도 할 수 있습니다.

TIP 회전 수치는 클릭&드래그하여 조절할 수도 있습니다. 직접 수치를 조절해 가며 원하는 만큼 비둘기의 목을 숙여도 좋습니다.

⑦ 시간눈금자에서 [10f]를 클릭하여 현재 시간 표시기를 [10f]에 위치시키고, 회전 수치에 '0'을 입력한 후 Enter↵ 를 누릅니다.

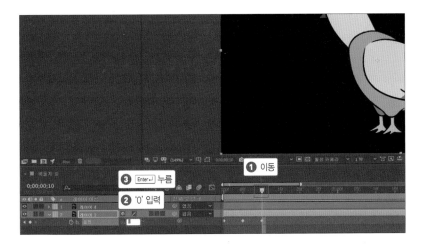

⑧ [05f]에 있는 키프레임부터 [10f]의 키프레임까지 드래그하여 모두 선택한 후 Ctrl + C 를 눌러 복사합니다. 현재 시간 표시기를 [15f]로 이동시킨 후 Ctrl + V 를 눌러 붙여넣기 합니다.

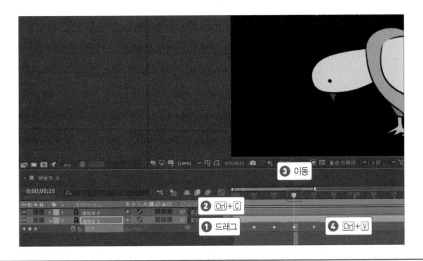

TIP 붙여넣기를 하기 전에 다른 곳을 클릭하지 않도록 주의합니다.

9 현재 시간 표시기를 [01:10f]에 위치시키고, [초시계 ⏱]를 클릭하여 키프레임을 생성합니다.

TIP 키프레임이 없는 곳에 현재 시간 표시기를 위치시키고 초시계를 클릭하면 현재 표시된 수치로 현재 시간 표시기가 위치한 프레임에 키프레임이 생성됩니다.

10 현재 시간 표시기를 [01:15f]에 위치시키고, Ctrl + V를 눌러 전에 복사해 두었던 키프레임을 붙여넣기 합니다.

TIP 만약 복사해 두었던 키프레임이 사라졌다면 다시 [05f]에 있는 키프레임부터 [10f]의 키프레임까지 드래그하여 모두 선택한 후 Ctrl + C를 눌러 복사합니다.

11 [0:00f]에 있는 키프레임부터 [01:20f]의 키프레임까지 드래그하여 모두 선택한 후 Ctrl + C를 눌러 복사합니다. 현재 시간 표시기를 [02:10f]로 이동시킨 후 Ctrl + V를 눌러 붙여넣기 합니다. 이제 먹이를 쪼아 먹는 비둘기가 완성되었습니다.

⑫ 완성된 영상을 렌더링하기 위해서 상단 메뉴 바의 [파일]‒[내보내기]‒[렌더링 대기열에 추가]를 클릭하여 렌더링을 준비합니다.

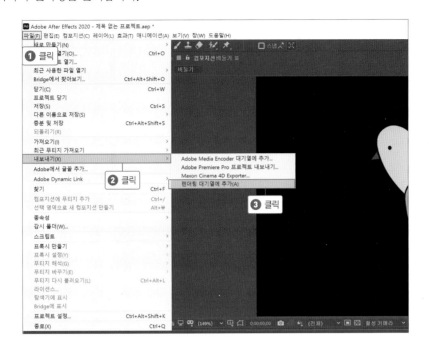

⑬ 이제 영상 파일 출력 모듈을 설정해 보겠습니다. 이번 예제는 단독으로 사용해도 되는 영상이지만 이 책의 목적은 여러 가지 예제 영상 소스들을 스토리가 있는 하나의 영상으로 만드는 것이기 때문에 다른 영상 소스와 함께 사용하는 것을 염두에 두고 비둘기를 제외한 배경은 투명한 상태로 출력할 것입니다. [손실 없음]을 클릭하고 형식을 [QuickTime]으로 선택하고 채널을 [RGB+알파]로 선택한 후 [확인]을 클릭합니다.

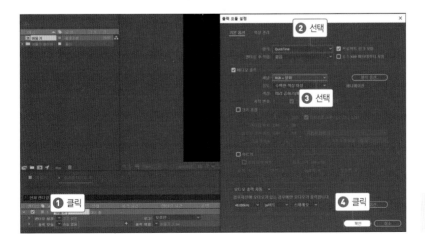

• 형식 : QuickTime
• 채널 : RGB+알파

⑭ 영상을 저장할 경로를 설정해 주기 위해 '비둘기_1.mov'를 클릭하고 원하는 저장 경로를 선택하고 파일 이름을 입력한 후 [저장]을 클릭합니다.

⑮ 이제 렌더링 준비가 완료되었습니다. [렌더링] 버튼을 클릭하여 렌더링을 진행합니다. 렌더링이 완료되면 창을 닫아도 됩니다.

TIP 알아두면 좋은 애프터 이펙트 단축키

- 새 컴포지션 만들기 : Ctrl + N
- 단색 레이어 만들기 : Ctrl + Y
- 카메라 레이어 만들기 : Ctrl + Alt + Shift + C

- 선택 도구 : V
- 손 도구 : Space Bar + 미리보기 화면 클릭&드래그
- 확대/축소 도구 : 미리보기 화면 마우스 휠 조절
- 뒤로 팬(기준점) 도구 : Y
- 가로 문자 도구 : T

- 레이어 복제 : Ctrl + D
- 레이어 분할 : Ctrl + Shift + D
- 레이어 삭제 : Delete
- 모든 레이어 선택 : Ctrl + A
- 사전구성 : Ctrl + Shift + C
- 레이어의 비율 수치 : 레이어 선택, S
- 레이어의 위치 수치 : 레이어 선택, P
- 레이어의 회전 수치 : 레이어 선택, R
- 레이어의 불투명도 수치 : 레이어 선택, T
- 키프레임이 있는 속성 표시 : 레이어 선택, U
- 레이어 막대를 현재 시간 표시기 앞으로 이동 : 레이어 막대 선택,]
- 레이어 막대를 현재 시간 표시기 뒤로 이동 : 레이어 막대 선택, [

- 저장 : Ctrl + S
- 복사 : Ctrl + C
- 붙여넣기 : Ctrl + V
- 실행 취소 : Ctrl + Z
- 다시 실행 : Ctrl + Shift + Z
- 미리보기 화면 재생 : Space Bar
- 렌더링 대기열에 추가 : Ctrl + M
- 눈금자 표시 : Ctrl + R

메롱하는 강아지

*예제 미리보기
QR코드를 핸드폰 카메라에 인식시켜주세요!

친근하고 귀여운 강아지를 그려봅니다. 이때 헐떡이는 모습을 표현하기 위해 몸, 혓바닥, 얼굴의 레이어를 구분하여 제작하게 됩니다. 그다음 애프터 이펙트의 위치 옵션을 사용하여 움직임을 더해주도록 하겠습니다.

Ps

포토샵으로 강아지 그리기

● **완성파일**: PART2/CHAPTER3/메롱하는강아지.PSD

1 새로운 대지를 만든 후 [새 레이어의 추가 □] 버튼을 클릭하여 [레이어 1]을 생성합니다.

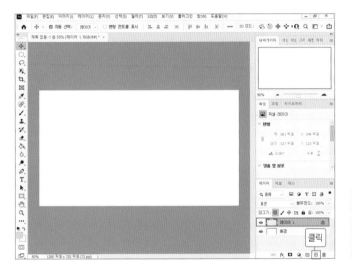

- 폭 : 1280
- 높이 : 720
- 단위 : 픽셀
- 해상도 : 72

2 [브러시 도구 ✓]를 클릭하여 [레이어 1]에 강아지의 얼굴을 그려줍니다.

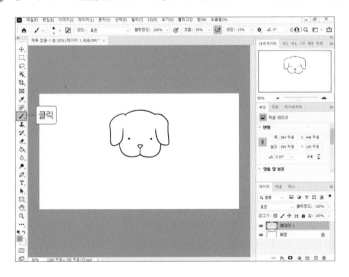

- 브러시의 종류 : 선명한 원
- 크기 : 9~10픽셀
- 브러시의 색 : #000000

❸ 강아지의 얼굴을 채색해 보겠습니다. [페인트 통 도구 🪣]를 클릭한 후 [옵션] 메뉴에서 '모든 레이어'를 체크 해제합니다. [색상 피커 🔳]에서 색상값을 입력하고 [완료] 버튼을 클릭한 후 얼굴과 코 부분을 클릭하여 채색합니다.

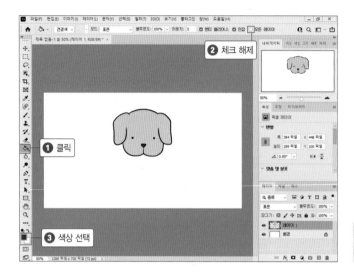

- 강아지 얼굴 색 : #e8ddaf
- 강아지 코 색 : #515151

❹ [새 레이어의 추가 🔲] 버튼을 클릭하여 [레이어 2]를 생성합니다. [브러시 도구 🖌]를 클릭하여 강아지의 몸 부분을 그려준 후 목 부분을 동그랗게 연결하여 그려줍니다.

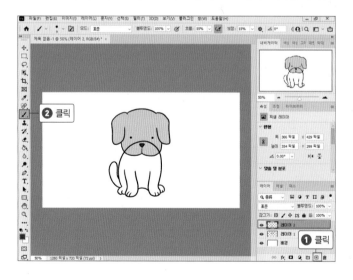

5 [페인트 통 도구 ⌗]를 선택한 후 강아지의 몸 부분을 클릭하여 채색합니다.

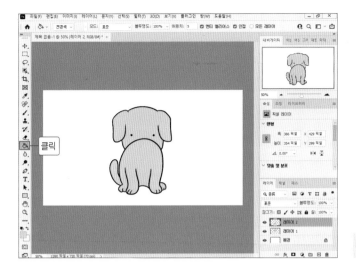

· 강아지 몸 색 : #e8ddaf

6 [레이어 2]를 클릭한 후 [레이어 1] 아래로 드래그하여 위치를 바꿔줍니다.

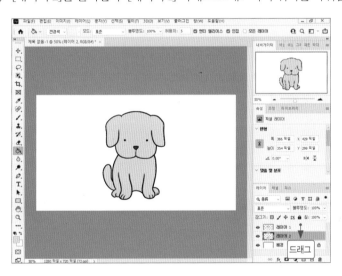

7 [새 레이어의 추가 ⊞] 버튼을 클릭하여 [레이어 3]을 생성한 후 [브러시 도구 ✎]를 클릭하여 강아지의 혀를 그려줍니다. 강아지의 혀는 위아래로 움직이는 모션을 주기 위해 길쭉하게 그려줍니다.

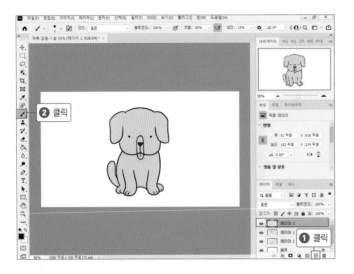

8 [페인트 통 도구 ⬧]를 클릭한 후 [색상 피커 ⊞]에서 분홍색을 선택합니다. 강아지의 혀 부분을 클릭하여 채색합니다.

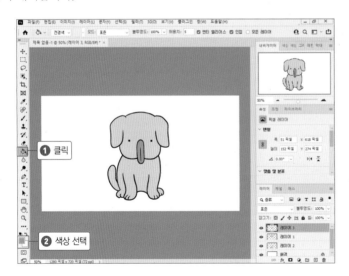

• 강아지 혀 색: #ff9494

9 [레이어 3]의 위치를 [레이어 1] 아래로 드래그하여 가운데로 위치를 바꿔줍니다. 강아지의 혀가 자연스럽게 배치되었습니다. [배경] 레이어를 삭제합니다.

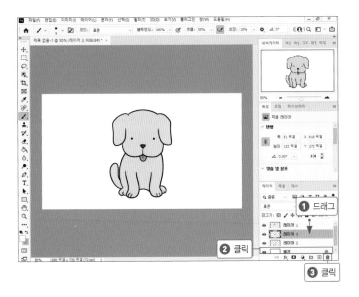

10 다음과 같이 투명한 배경이 나타납니다. Ctrl + S 를 눌러서 '귀여운강아지.psd'라는 이름으로 파일을 저장합니다.

TIP 파일 저장 단축키 - Ctrl + S

11 '귀여운강아지.psd' 파일이 완성되었습니다.

Ae

애프터 이펙트로 움직이기

◉ **예제파일** : PART2/CHAPTER3/메롱하는강아지.PSD, 메롱하는강아지.AEP
◉ **완성파일** : PART2/CHAPTER3/메롱하는강아지.MOV

① 애프터 이펙트를 실행하고, '메롱하는강아지.PSD' 파일을 애프터 이펙트의 프로젝트 패널로 클릭&
드래그하여 불러옵니다.

② 불러오기 옵션창에서 [가져올 파일 종류]를 '컴포지션'으로 선택하고 [레이어 옵션]을 '레이어 스타일
을 푸티지로 병합'으로 선택한 후 [확인]을 클릭합니다. 프로젝트 패널에 '메롱하는강아지.PSD' 파일이 들
어 있는 [컴포지션]이 자동으로 생성됩니다.

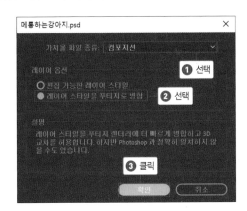

> **TIP** 컴포지션 설정 부분은 생략합니
> 다. Chapter 1-STEP 2의 **⑤**, **⑥**
> 을 참고하여 설정해 줍니다.

③ 프로젝트 패널에서 '강아지' 컴포지션을 더블클릭하여 엽니다.

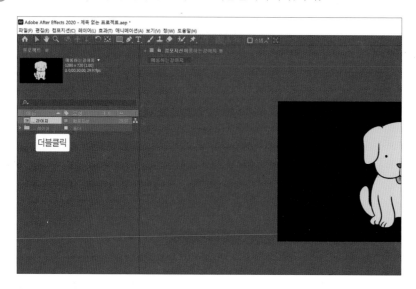

④ 움직이기에 앞서 작업할 때 알아보기 쉽도록 레이어의 이름을 변경해 보겠습니다. 레이어 이름은 자유롭게 설정해도 됩니다. 먼저 강아지 머리가 있는 [레이어 1]을 클릭하고 Enter↵를 누릅니다. 레이어 이름에 [머리]를 입력하고, Enter↵를 누르면 레이어의 이름이 변경되는 것을 확인할 수 있습니다.

⑤ 같은 방법으로 강아지 혀가 있는 [레이어 3]은 [혀]로, 강아지 몸통이 있는 [레이어 2]는 [몸통]으로 이름을 입력한 후 Enter↵를 누릅니다.

⑥ 먼저 강아지의 혀를 움직여 보겠습니다. 타임라인 패널의 [혀]가 선택된 상태에서 P를 눌러 [위치] 옵션을 표시합니다. 만약 P를 눌러도 옵션이 표시되지 않는다면 표시될 때까지 누릅니다. 위치 수치는 현재 미리보기 화면상 레이어가 위치한 지점의 X축과 Y축의 수치를 나타냅니다. X축 수치를 조절하면 레이어가 [좌, 우]로 움직이고, Y축 수치를 조절하면 레이어가 [상, 하]로 움직입니다. 이제 현재 시간 표시기를 맨 처음으로 위치시킨 후 '강아지의 혀가 머리에 완전히 가려지도록' 위치 수치의 Y축 수치에 '320'을 입력하고 Enter↵를 눌러서 키프레임을 생성합니다.

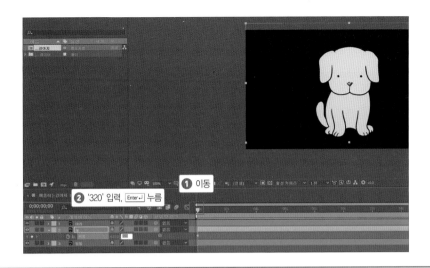

TIP 위치 수치는 클릭&드래그하여 조절할 수도 있습니다.

TIP 위치 수치는 포토샵에서 그린 이미지의 크기나 위치에 따라 다르게 표시됩니다. 이번 예제에서는 강아지의 혀가 머리에 완전히 가려지도록 Y축의 수치를 자유롭게 조절해주세요.

⑦ 시간 탐색기의 종료점을 클릭한 상태에서 시작점 쪽으로 드래그하여 사진과 같이 간격을 줄여서 시간을 더 세부적으로 보고, 시간 눈금자에서 [05f]를 클릭하여 현재 시간 표시기가 [05f]에 위치하도록 합니다. Y축 수치에 '380'을 입력한 후 Enter↵를 눌러서 키프레임을 생성합니다.

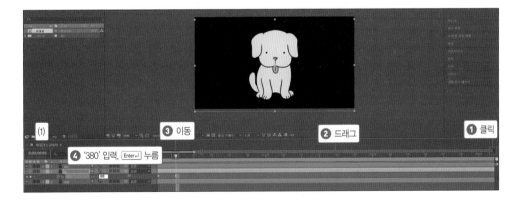

TIP (1)을 클릭하여 숫자 '5'를 입력한 후 Enter↵를 누르는 방법으로도 할 수 있습니다.

TIP 위치 수치는 포토샵에서 그린 이미지의 크기나 위치에 따라 다르게 표시됩니다. 이번 예제에서는 강아지 혀의 Y축 위치 수치를 자유롭게 조절해 가며 원하는 만큼 혀의 길이를 늘여줍니다.

⑧ 현재 시간 표시기를 [10f]에 위치시키고, 강아지 혀가 1/3쯤 머리로 들어갈 정도로 Y축 위치 수치를 자유롭게 입력한 후 [Enter↵]를 누릅니다. 예제에서는 '360'으로 입력했습니다.

⑨ [05f]에 있는 키프레임과 [10f]의 키프레임을 드래그하여 모두 선택한 후 [Ctrl]+[C]를 눌러 복사합니다. 현재 시간 표시기를 [15f]로 이동시킨 후 [Ctrl]+[V]를 눌러 붙여넣기 합니다.

TIP 붙여넣기를 하기 전에 다른 곳을 클릭하지 않도록 주의합니다.

---

⑩ 같은 방법으로 [05f]에 있는 키프레임부터 [20f]의 키프레임까지 드래그하여 모두 선택한 후 [Ctrl]+[C]를 눌러 복사합니다. 현재 시간 표시기를 [25f]로 이동시킨 후 [Ctrl]+[V]를 눌러 붙여넣기 합니다.

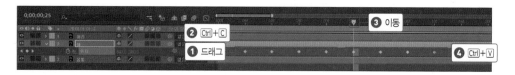

⑪ 같은 방법으로 [05f]부터 [01:10f]까지의 키프레임을 드래그하여 모두 선택한 후 [Ctrl]+[C]를 눌러 복사합니다. 현재 시간 표시기를 [01:15f]로 이동한 후 [Ctrl]+[V]를 눌러 붙여넣기 합니다.

⓬ [0:00f]의 키프레임을 클릭한 후 [Ctrl]+[C]를 눌러 복사합니다. 현재 시간 표시기를 [02:25f]로 이동시킨 후 [Ctrl]+[V]를 눌러 붙여넣기 합니다.

⓭ [0:00f]부터 [02:25f]까지의 키프레임을 드래그하여 모두 선택한 후 선택된 키프레임에서 마우스 오른쪽 버튼을 클릭해 [키프레임 도우미] – [천천히 나가기]를 클릭합니다.

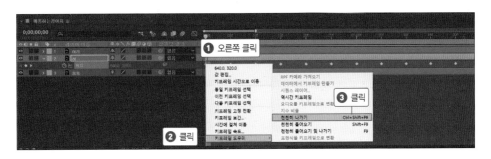

TIP 키프레임 도우미를 상황에 따라 잘 활용하면 더욱 자연스러운 움직임을 표현할 수 있습니다.

⓮ 이제 강아지의 머리를 혀의 움직임에 따라 함께 움직여 보겠습니다. 타임라인 패널의 [머리]가 선택된 상태에서 [P]를 눌러 [위치] 옵션을 표시합니다. 만약 [P]를 눌러도 옵션이 표시되지 않는다면 표시될 때까지 누릅니다. 현재 시간 표시기를 [0:00f]로 이동시킨 후 [초시계 🕐]를 클릭하여 키프레임을 생성합니다.

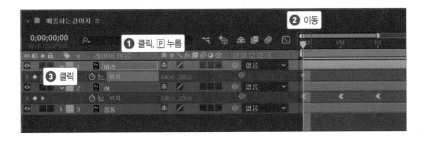

15 현재 시간 표시기를 [05f]에 위치시키고, [머리] 레이어의 Y축 수치를 조금 높게 조절하여 강아지 머리가 살짝 아래로 내려오도록 해줍니다. 예제에서는 원래 '360'이었던 수치를 '370'으로 조절했습니다.

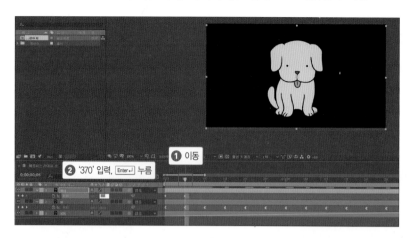

> TIP 위치 수치는 포토샵에서 그린 이미지의 크기나 위치에 따라 다르게 표시되므로 강아지의 머리가 살짝 내려올 정도로 수치를 자유롭게 조절해도 됩니다.

16 현재 시간 표시기를 [05f]에 위치시키고, 강아지의 머리가 살짝 위로 올라가되, 처음 위치했던 곳보다는 아래에 위치하도록 Y축 수치를 '365'로 조절합니다(강아지 머리의 처음 위치 수치는 '360').

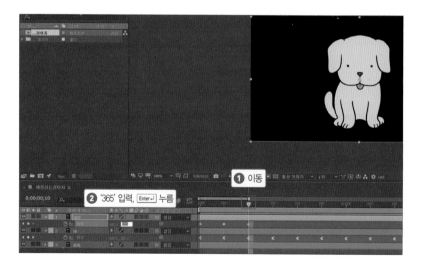

17 이제 [05f]과 [10f]에 있는 [머리 레이어의 키프레임]만을 드래그하여 모두 선택한 후 Ctrl + C를 눌러 복사합니다. 현재 시간 표시기를 [15f]로 이동시킨 후 Ctrl + V를 눌러 붙여넣기 합니다.

18 같은 방법으로 [05f]부터 [20f]까지의 [머리 레이어 키프레임]을 드래그하여 모두 선택한 후 Ctrl + C 를 눌러 복사해 줍니다. 그런 다음 현재 시간 표시기를 [25f]로 이동시킨 후 Ctrl + V 를 눌러 붙여넣기 합니다.

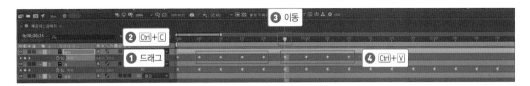

19 다시 같은 방법으로 [05f]부터 [01:10f]까지의 [머리 레이어 키프레임]을 드래그하여 모두 선택한 후 Ctrl + C 를 눌러 복사합니다. 현재 시간 표시기를 [01:15f]로 이동시킨 후 Ctrl + V 를 눌러 붙여넣기 합니다.

20 이제 [0:00f]에 있는 [머리 레이어 키프레임]을 클릭하여 Ctrl + C 를 눌러 복사합니다. 현재 시간 표시기를 [02:25f]로 이동한 후 Ctrl + V 를 눌러 붙여넣기 합니다.

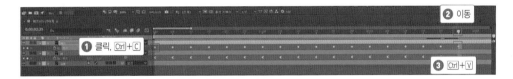

21 자연스러운 움직임을 주기 위해서 [0:00f]부터 [02:25f]까지의 [머리 레이어 키프레임]을 드래그하여 모두 선택한 후 선택된 키프레임에서 마우스 오른쪽 버튼을 클릭하여 [키프레임 도우미] – [천천히 나가기]를 클릭합니다. 이제 메롱하는 강아지가 완성되었습니다.

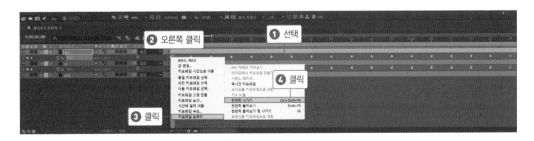

㉒ 완성된 영상을 렌더링하기 위해서 상단 메뉴 바의 [파일] – [내보내기] – [렌더링 대기열에 추가]를 클릭하여 렌더링을 준비합니다.

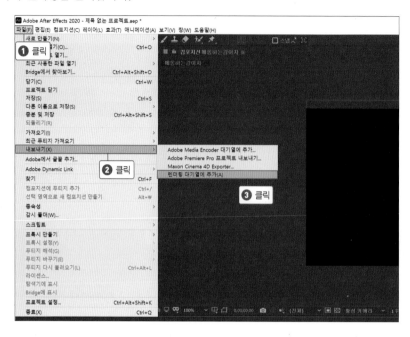

㉓ 이제 영상 파일 출력 모듈을 설정해 보겠습니다. 이번 예제는 단독으로 사용해도 되는 영상이지만 이 책의 목적은 여러 가지 예제 영상 소스들을 스토리가 있는 하나의 영상으로 만드는 것이기 때문에 다른 영상 소스와 함께 사용하는 것을 염두에 두고 강아지를 제외한 배경은 투명한 상태로 출력할 것입니다. [손실 없음]을 클릭하고 형식을 [QuickTime]으로 선택하고 채널을 [RGB+알파]로 선택한 후 [확인]을 클릭합니다.

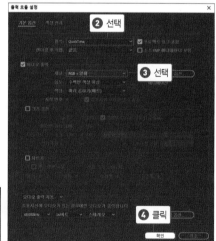

- 형식 : QuickTime
- 채널 : RGB+알파

24 영상을 저장할 경로를 설정해 주기 위해 '메롱하는강아지.mov'를 클릭하고 원하는 저장 경로를 선택하고 파일 이름을 입력한 후 [저장]을 클릭합니다.

25 이제 렌더링 준비가 완료되었습니다. [렌더링] 버튼을 클릭하여 렌더링을 진행합니다. 렌더링이 완료되면 창을 닫아도 됩니다.

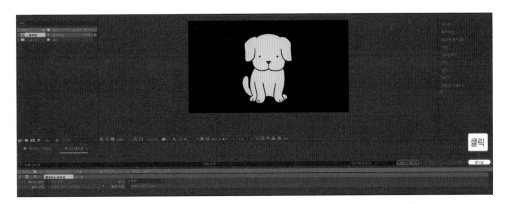

인사하는 소년

*예제 미리보기
QR코드를 핸드폰 카메라에 인식시켜주세요!

밝은 미소로 인사하는 소년을 그려보겠습니다. 그다음 애프터 이펙트로 소스를 불러와 뒤로 팬(기준점) 도구, 회전 옵션을 사용하여 인사하는 모션을 더해주도록 하겠습니다.

포토샵으로 소년 그리기

● **완성파일** : PART2/CHAPTER4/인사하는소년.PSD

1 새로운 대지를 만든 후 [새 레이어의 추가 ⊡] 버튼을 클릭하여 [레이어 1]을 생성합니다. [브러시 도구 ✎]를 클릭하여 소년의 얼굴을 그려줍니다.

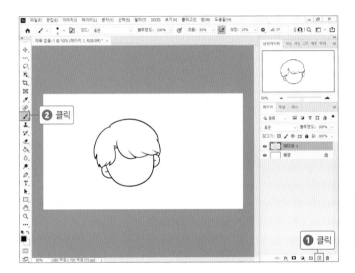

- 폭 : 1280
- 높이 : 720
- 단위 : 픽셀
- 해상도 : 72

2 얼굴 아래의 옷 부분은 후드를 입은 모습으로 그려줍니다. 이때 왼팔은 그리지 않습니다.

3 귀여운 눈, 코, 입을 그려줍니다.

4 [레이어 2]를 추가하여 왼팔을 그려줍니다.

5 왼팔 안쪽의 관절을 부드럽게 움직일 수 있도록 길쭉하게 그려서 이어줍니다.

6 [새 레이어의 추가⊞] 버튼을 클릭하여 [레이어 3]을 하나 더 추가한 후 [레이어 1]에 대한 채색 레이어로 사용합니다. [페인트 통 도구⬙]를 클릭한 후 [색상 피커⊡]에서 원하는 색상을 선택하고 머리, 얼굴, 몸 부분을 클릭하여 채색합니다.

7 [색상 피커🔲]에서 기존의 머리 색상보다 좀 더 밝은 연보라색을 선택한 후 [브러시 도구✏]를 클릭하여 머리 위에 윤기가 나도록 윤기 선을 그려줍니다. 머리와 이마가 닿는 부분, 얼굴과 귀가 연결되는 바깥 부분에는 피부색보다 좀 더 진한 살구색을 선택하여 음영을 넣어줍니다.

8 [옵션] 메뉴에서 [모든 레이어]를 체크 해제한 후 따로 있던 [레이어 2]의 왼팔을 자연스럽게 채색합니다.

⑨ 왼팔이 그려진 [레이어 2]를 클릭한 후 [레이어 3] 아래로 드래그하여 위치를 바꿔줍니다. [배경] 레이어를 삭제합니다.

⑩ 다음과 같이 배경이 삭제된 화면이 나타납니다. '인사하는소년.PSD' 파일로 저장합니다.

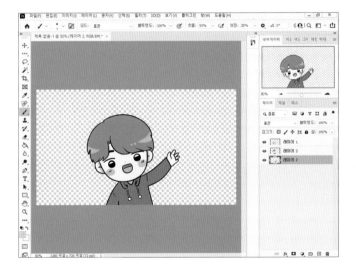

11 인사하는 소년의 모습이 완성되었습니다.

애프터 이펙트로 움직이기

Ae

● **예제파일** : PART2/CHAPTER4/인사하는소년.PSD, 인사하는소년.AEP
● **완성파일** : PART2/CHAPTER4/인사하는소년.MOV

❶ 애프터 이펙트를 실행하고, '인사하는소년.PSD' 파일을 프로젝트 패널로 클릭&드래그하여 불러옵니다.

❷ 불러오기 옵션창에서 [가져올 파일 종류]를 '컴포지션'으로 선택하고 [레이어 옵션]을 '레이어 스타일을 푸티지로 병합'으로 선택한 후 [확인]을 클릭합니다. 프로젝트 패널에 '인사하는소년.PSD' 파일이 들어 있는 [컴포지션]이 자동으로 생성됩니다.

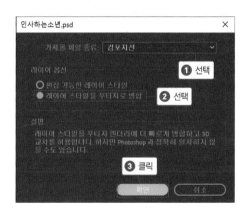

> **TIP** 컴포지션 설정 부분은 생략합니다. [Chapter 1-STEP 2의 ❺, ❻을 참고하여 설정해 줍니다.

③ 프로젝트 패널에서 '인사하는 소년' 컴포지션을 더블클릭하여 엽니다.

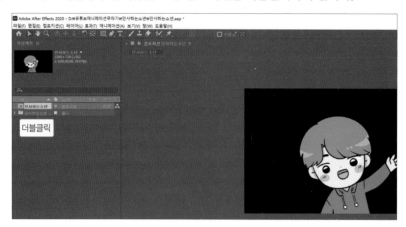

④ 작업 시 알아보기 편하도록 레이어의 이름을 변경해 보겠습니다. 먼저 소년의 팔이 있는 [레이어 2]를 클릭하고 Enter↵를 누릅니다. 레이어 이름에 '팔'을 입력하고 Enter↵를 누르면 레이어의 이름이 변경되는 것을 확인할 수 있습니다.

TIP 레이어 이름은 편의에 따라 자유롭게 설정해도 됩니다.

⑤ 팔을 움직이기에 앞서 자연스러운 움직임을 위해 실제 사람의 관절에 기초하여 팔의 기준점을 변경해 보겠습니다. 타임라인 패널에서 [팔]을 클릭한 후 도구 패널에서 [뒤로 팬(기준점) 도구 ▦(단축키 Y)]를 클릭합니다. 미리보기 화면에서 [팔]의 기준점을 클릭한 상태에서 예제와 같이 소년의 어깨 관절이 있을 것 같은 부분으로 드래그합니다.

⑥ 이제 팔을 움직여 보겠습니다. 먼저 [팔]이 선택된 상태에서 R을 누르면 [회전] 옵션이 나타납니다. 현재 시간 표시기를 맨 처음으로 위치시킨 후 [초시계 ⌚]를 클릭하여 키프레임을 생성합니다. 소년의 팔이 아래쪽으로 돌아가도록 회전 수치에 '35'를 입력하고 Enter↵를 누릅니다.

TIP   예제의 수치와 차이가 나더라도 원하는 만큼 자유롭게 조절해도 좋습니다.

⑦ 시간 탐색기의 종료점을 클릭한 상태에서 시작점 쪽으로 드래그하여 사진과 같이 간격을 줄여서 시간을 더 세부적으로 보고, 현재 시간 표시기를 [10f]로 위치시킨 후 소년의 팔이 인사하는 모습처럼 위쪽으로 회전하도록 회전 수치에 '−28'을 입력하고 Enter↵를 누릅니다.

TIP   회전 수치는 클릭한 상태로 드래그하여 조절할 수도 있습니다. 직접 수치를 조절해 가며 원하는 만큼 팔의 각도를 조절해도 좋습니다.

⑧ 이제 동작 반복을 위해 [0:00f]와 [10f]에 있는 키프레임을 드래그하여 모두 선택한 후 Ctrl + C를 눌러 복사합니다. 현재 시간 표시기를 [20f]로 이동시킨 후 Ctrl + V를 눌러 붙여넣기 합니다.

9 같은 방법으로 [0:00f]에 있는 키프레임부터 [01:00f]의 키프레임까지 드래그하여 모두 선택한 후 Ctrl + C를 눌러 복사합니다. 현재 시간 표시기를 [01:10f]로 이동한 후 Ctrl + V를 눌러 붙여넣기 합니다.

10 시간 탐색기의 종료점을 클릭한 상태에서 시작점 쪽으로 드래그하여 사진과 같이 간격을 늘여서 시간을 더 넓게 보고, [0:00f]에 있는 키프레임부터 [02:10f]의 키프레임까지 드래그하여 모두 선택한 후 Ctrl + C를 눌러 복사합니다. 현재 시간 표시기를 [02:20f]로 이동한 후 Ctrl + V를 눌러 붙여넣기 합니다.

11 더욱 자연스러운 움직임을 주기 위해서 [0:00f]부터 [05:00f]까지의 키프레임을 드래그하여 모두 선택한 후 선택된 키프레임에서 마우스 오른쪽 버튼을 클릭하고 [키프레임 도우미] – [천천히 들어오기 및 나가기]를 클릭합니다. 그러면 키프레임이 모래시계 모양으로 바뀐 것을 확인할 수 있습니다. 이제 인사하는 소년이 완성되었습니다.

⓬ 렌더링하기에 앞서 작업 영역을 조절해 보겠습니다. 작업 영역은 렌더링하는 영상의 길이(시간)와 같습니다. 이번 예제에서 소년의 팔이 움직이는 시간은 5초인데 작업 영역은 컴포지션 설정에 따라 30초로 되어 있습니다. 이럴 경우, 컴포지션 설정을 수정하지 않고도 작업 영역을 축소하여 필요 없는 영상을 제외하고 렌더링할 수 있습니다. '작업 영역 종료점'을 클릭한 상태에서 시간 눈금자의 [05:00f(05s)]로 드래그하여 사진과 같이 작업 영역을 축소합니다.

TIP 작업 영역 종료점을 5초(05:00f)에 정확히 맞출 수 있도록 시간 탐색기를 조절하여 시간을 세부적으로 봐도 좋습니다.

⓭ 완성된 영상을 렌더링하기 위해서 상단 메뉴 바의 [파일] - [내보내기] - [렌더링 대기열에 추가]를 클릭하여 렌더링을 준비합니다.

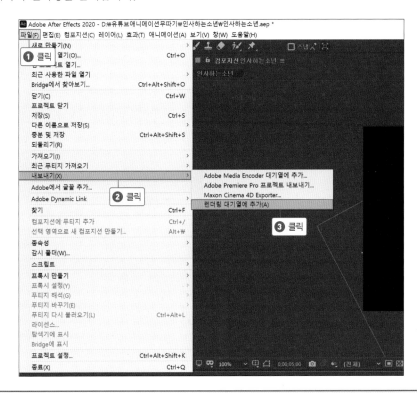

TIP 렌더링 대기열에 추가 단축키 - Ctrl + M

14 이제 영상 파일 출력 모듈을 설정해 보겠습니다. 이번 예제는 단독으로 사용해도 되는 영상이지만 이 책의 목적은 여러 가지 예제 영상 소스들을 스토리가 있는 하나의 영상으로 만드는 것이기 때문에 다른 영상 소스와 함께 사용하는 것을 염두에 두고 소년을 제외한 배경은 투명한 상태로 출력할 것입니다. [손실 없음]을 클릭하고 형식을 [QuickTime]으로 선택하고 '채널'을 [RGB+알파]로 선택한 후 [확인]을 클릭합니다.

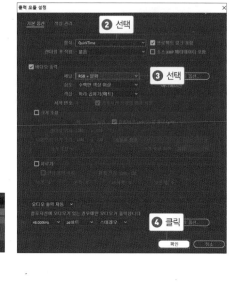

- 형식 : QuickTime
- 채널 : RGB+알파

15 영상을 저장할 경로를 설정해 주기 위해 '인사하는소년.mov'를 클릭하고 원하는 저장 경로를 선택하고 파일 이름을 입력한 후 [저장]을 클릭합니다.

16 이제 렌더링 준비가 완료되었습니다. [렌더링] 버튼을 클릭하여 렌더링을 진행합니다. 렌더링이 완료되면 창을 닫아도 됩니다.

걸어가는 소녀

*예제 미리보기
QR코드를 핸드폰 카메라에 인식시켜주세요!

오른쪽 방향으로 걸어가는 소녀를 그려보겠습니다. 이때 팔과 다리를 모두 구분하여 제작합니다. 그다음 애프터 이펙트로 소스를 불러와 뒤로 팬(기준 점) 도구, 상위 뚝딱 툴, 회전/위치 옵션을 사용하여 걸어가는 모션을 더해 주겠습니다.

Ps

포토샵으로 소녀 그리기

● **완성파일** : PART2/CHAPTER05/걸어가는소녀.PSD

① [새 레이어의 추가 ⊞] 버튼을 클릭하여 [레이어 1]을 생성합니다. [브러시 도구 ✐]를 클릭하여 소녀의 옆 얼굴을 그려줍니다.

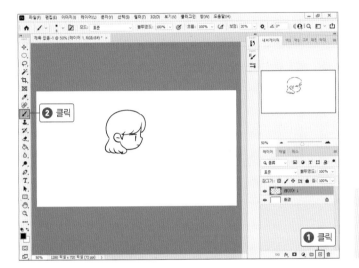

- 폭 : 1280
- 높이 : 720
- 단위 : 픽셀
- 해상도 : 72

② [새 레이어의 추가 ⊞] 버튼을 클릭하여 [레이어 2]를 추가한 후 소녀의 몸통을 그려줍니다.

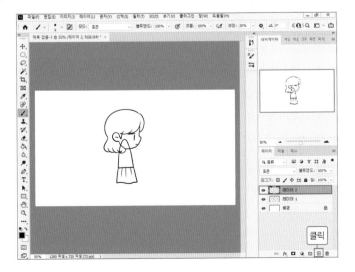

❸ [새 레이어의 추가 ⊞] 버튼을 클릭하여 [레이어 3], [레이어 4]를 추가한 후 [레이어 3]에 왼팔을 그리고, [레이어 4]에 오른팔을 그려줍니다.

❹ [새 레이어의 추가 ⊞] 버튼을 클릭하여 [레이어 5], [레이어 6]을 추가한 후 [레이어 5]에 왼발을 그리고, [레이어 6]에 오른발을 그려줍니다.

❺ 이제 채색 작업에 들어갑니다. 레이어를 하나 더 추가하여 [레이어 7]을 생성한 후 [레이어 7]에서 [레이어 1]에 그려진 얼굴 영역을 채색합니다. 채색 작업이 완료되면 [레이어 1], [레이어 7]을 선택한 후 Ctrl + E 를 눌러 레이어를 하나로 병합합니다.

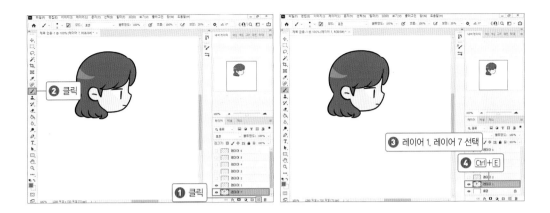

6 [레이어 2]에 그린 몸통도 앞의 예제와 동일한 방법으로 [새 레이어의 추가 ▣] 버튼을 클릭하여 [레이어 7]을 추가하여 채색합니다. 채색이 완료되면 [레이어 2]와 [레이어 7]을 병합합니다.

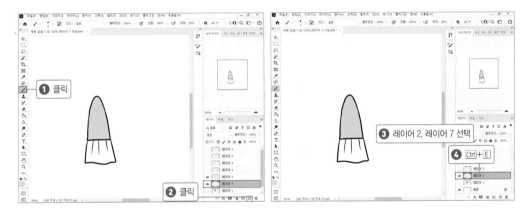

7 얼굴과 몸통 채색이 끝났다면 [레이어 4]의 오른팔, [레이어 3]의 왼팔, [레이어 6]의 오른다리, [레이어 5]의 왼다리를 순서대로 채색합니다.

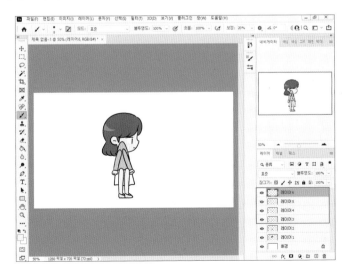

⑧ 레이어의 위치를 아래와 같은 방법으로 바꿔줍니다. 올바르게 걷는 모습처럼 보이도록 순서를 바꾸는 과정입니다.

⑨ [배경] 레이어를 삭제한 후 '걸어가는소녀.PSD'라는 이름으로 파일을 저장합니다.

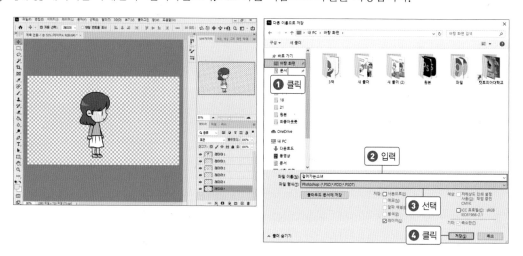

⑩ 걸어가는 소녀의 모습이 완성되었습니다.

Ae
애프터 이펙트로 움직이기

◉ **예제파일** : PART2/CHAPTER5/걸어가는소녀.PSD, 걸어가는소녀.AEP
◉ **완성파일** : PART2/CHAPTER5/걸어가는소녀.MOV, 걸어가는소녀_제자리.MOV

① 애프터 이펙트를 실행하고, 탐색기에서 '걸어가는소녀.psd' 파일을 애프터 이펙트의 프로젝트 패널로 클릭&드래그하여 불러옵니다.

② 불러오기 옵션창에서 [가져올 파일 종류]를 '컴포지션'으로 선택하고 [레이어 옵션]을 '레이어 스타일을 푸티지로 병합'으로 선택한 후 [확인]을 클릭합니다. 프로젝트 패널에 '걸어가는소녀.PSD' 파일이 들어 있는 [컴포지션]이 자동으로 생성됩니다.

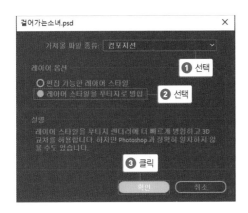

> TIP 컴포지션 설정 부분은 생략합니
> 다. Chapter 1-STEP 2의 ⑤, ⑥
> 을 참고하여 설정해 줍니다.

③ 프로젝트 패널에서 '걸어가는 소녀' 컴포지션을 더블클릭하여 엽니다.

④ 작업 시 알아보기 편하도록 모든 레이어의 이름을 변경해 주겠습니다. 이름을 변경하려는 레이어를 클릭하고 Enter↵를 누른 후 레이어 이름을 입력하고 Enter↵를 누르면 레이어의 이름이 변경됩니다. [머리]-[오른팔]-[몸]-[오른다리]-[왼다리]-[왼팔] 순으로 이름을 변경합니다.

TIP (1)눈버튼 👁을 클릭하여 해당 레이어를 숨기거나 표시할 수 있습니다. 레이어를 식별할 때 사용하면 좋습니다.

TIP 레이어의 순서가 중요한 예제입니다. 만약 순서가 예제와 다르다면 예제를 참고하여 [머리]-[오른팔]-[몸]-[오른다리]-[왼다리]-[왼팔] 순으로 순서를 변경해 줍니다.

5 자연스러운 움직임을 위해서 레이어들의 기준점을 변경해 주겠습니다. 타임라인 패널에서 [머리] 레이어를 클릭한 후 도구 패널에서 [뒤로 팬(기준점) 도구 ⬛]를 클릭합니다. 미리보기 화면에서 [머리]의 기준점을 클릭한 상태에서 사진과 같이 소녀의 목 관절이 있을 것 같은 부분으로 드래그합니다.

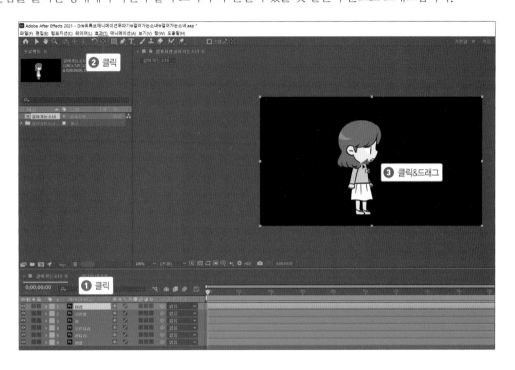

6 같은 방법으로 [오른팔] 레이어를 클릭하고 기준점을 소녀의 오른쪽 어깨 부분으로 옮겨줍니다.

7 이번엔 [오른다리] 레이어를 클릭하고 기준점을 소녀의 오른쪽 골반 위치로 옮겨줍니다.

8 같은 방법으로 소녀의 [왼다리] 레이어를 클릭하고 기준점을 소녀의 왼쪽 골반 위치로 옮겨줍니다.

9 마지막으로 [왼팔] 레이어를 클릭하고 기준점을 소녀의 왼쪽 어깨가 있을 것 같은 위치로 옮겨줍니다. 예제에서는 왼쪽 어깨가 소녀의 몸에 가려 있기 때문에 어림잡아 설정해 주었습니다.

10 이제 [상위 뚝딱 툴⊚]을 사용하여 소녀의 몸에 머리와 팔과 다리를 연결해 주겠습니다. 먼저 [머리] 레이어의 [상위 뚝딱 툴⊚]을 클릭한 상태에서 [몸] 레이어로 드래그하여 [머리] 레이어를 [몸] 레이어에 연결합니다.

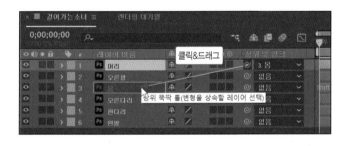

TIP [상위 뚝딱 툴⊚]은 상위 레이어에 하위 레이어를 연결하여 상위 레이어의 움직임을 하위 레이어에도 적용해 주는 기능입니다. 이번 예제에서는 걸어가는 소녀의 몸이 이동함에 따라 머리, 팔, 다리도 함께 몸에 붙어 이동하도록 하기 위해서 사용합니다. 만약 연결하지 않는다면 소녀의 위치를 옮길 때 객체들에 개별적으로 움직임을 일일이 주어야 하지만, [상위 뚝딱 툴⊚]을 통해 연결하면 상위 레이어인 [몸] 레이어 하나만 움직여도 다른 레이어들을 똑같이 한꺼번에 움직일 수 있습니다. 반대로 하위 레이어인 [머리], [팔], [다리] 레이어를 움직일 때는 상위 레이어인 [몸] 레이어는 움직이지 않습니다.

⑪ 같은 방법으로 [오른팔] 레이어의 [상위 뚝딱 툴◎]을 클릭한 상태에서 [몸] 레이어로 드래그하여 연결합니다.

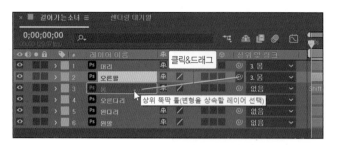

⑫ 마찬가지로 [오른다리] 레이어의 [상위 뚝딱 툴◎]을 클릭한 상태에서 [몸] 레이어로 드래그하여 연결하고 [왼다리] 레이어의 [상위 뚝딱 툴◎]을 클릭한 상태에서 [몸] 레이어로 드래그하여 연결합니다. [왼팔] 레이어의 [상위 뚝딱 툴◎]을 클릭한 상태에서 [몸] 레이어로 드래그하여 연결합니다.

⑬ 이제 소녀의 팔과 다리를 움직여 보겠습니다. 먼저 현재 시간 표시기를 맨 처음으로 위치한 후 [오른팔]이 선택된 상태에서 R을 누르면 [회전] 옵션이 나타납니다. [초시계◎]를 클릭하여 키프레임을 생성하고 소녀의 오른팔이 시계 방향으로 약간 회전하도록 회전 수치에 '15'를 입력합니다. 같은 방법으로 [오른다리]가 선택된 상태에서 R을 눌러 [회전] 옵션을 표시하고, [초시계◎]를 클릭하여 키프레임을 생성합니다. 소녀의 오른다리가 시계 반대 방향으로 회전하도록 회전 수치에 '-25'를 입력합니다. [왼다리]와 [왼팔]도 같은 방법으로 설정합니다.

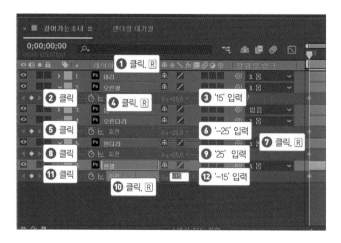

148

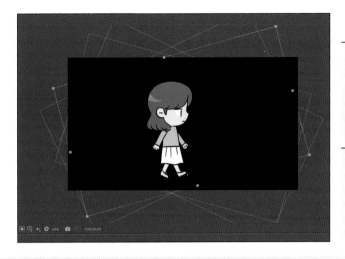

TIP 걷는 모습을 떠올려보면 오른쪽 다리가 앞으로 나가면 반대로 오른쪽 팔은 뒤로 향하게 됩니다.

TIP 예제의 수치와 차이가 나더라도 자연스러운 느낌으로 원하는 만큼 자유롭게 조절해도 좋습니다.

- [왼다리]를 선택하고 ⓡ을 눌러 [회전] 옵션 표시, [초시계 ⓞ]를 클릭하여 키프레임 생성, 소녀의 왼쪽 다리가 오른쪽 다리와 반대로 회전하도록 회전 수치에 '25' 입력
- [왼팔]을 선택하고 ⓡ을 눌러 [회전] 옵션 표시, [초시계 ⓞ]를 클릭하여 키프레임 생성, 소녀의 왼팔이 오른팔과는 반대로 회전하도록 회전 수치에 '-15' 입력

⓮ 시간 탐색기의 종료점을 클릭한 상태에서 시작점 쪽으로 드래그하여 사진과 같이 간격을 줄여서 시간을 더 세부적으로 보고, 현재 시간 표시기를 [15f]로 위치시킨 후 [오른팔]이 선택된 상태에서 이전과는 반대로 앞으로 나아가도록 회전 수치에 '-35'를 입력합니다. 같은 방법으로 [오른다리], [왼다리], [왼팔]을 설정합니다.

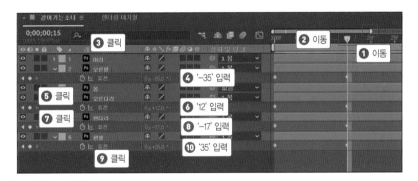

- [오른다리] 선택 후 이전과는 반대로 뒤로 나아가도록 회전 수치에 '12' 입력
- [왼다리]를 선택 후 오른쪽 다리와 반대로 회전하도록 회전 수치에 '-17' 입력
- [왼팔]을 선택 후 오른팔과 반대로 회전하도록 회전 수치에 '35' 입력

TIP 걷는 속도를 예제와 다르게 조절하려면 키프레임 사이의 간격을 늘이거나 줄이면 됩니다. 이때 동작 반복을 위해 키프레임을 복사/붙여넣기 할 때도 간격을 동일하게 설정해 주어야 합니다.

⑮ 이제 동작을 반복시켜 주겠습니다. 먼저 [오른팔]이 선택된 상태에서 [0:00f]와 [15f]에 있는 [오른팔]의 키프레임을 드래그하여 모두 선택한 후 Ctrl + C 를 눌러 복사합니다. 현재 시간 표시기를 [01:00f]로 이동시킨 후 Ctrl + V 를 눌러 붙여넣기 합니다.

⑯ 같은 방법으로 [오른다리], [왼다리], [왼팔]의 키프레임을 각각 복사/붙여넣기 합니다. 현재 시간 표시기를 맨 처음으로 위치시키고, Space Bar 를 눌러 미리보기 영상을 재생하여 소녀의 움직임에 이상이 없는지 확인합니다. 만약 움직임이 부자연스럽다면 각각 레이어의 키프레임이 올바르게 복사/붙여넣기 되었는지 확인하고, 조절이 필요한 부분이 있다면 전 단계로 돌아가서 회전 수치를 다시 조절해 줍니다.

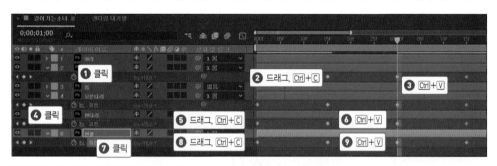

TIP 이때 주의할 점은 여러 레이어의 키프레임을 한꺼번에 선택하고 복사/붙여넣기를 하면 키프레임이 원래의 레이어에 붙여넣기 되는 것이 아니라 새로운 레이어가 생성되므로 반드시 레이어를 하나씩만 선택하여 키프레임을 복사/붙여넣기 작업을 합니다.

⑰ 마찬가지로 [오른팔]이 선택된 상태에서 [0:00f]와 [01:15f] 사이에 있는 [오른팔]의 키프레임을 드래그하여 모두 선택한 후 Ctrl + C 를 눌러 복사합니다. 현재 시간 표시기를 [02:00f]로 이동시킨 후 Ctrl + V 를 눌러 붙여넣기 합니다. [오른다리], [왼다리], [왼팔]도 같은 방법으로 키프레임을 각각 복사/붙여넣기 합니다.

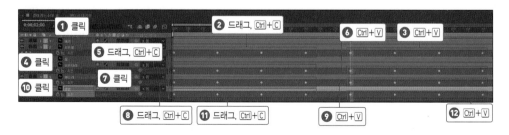

18 시간 탐색기의 종료점을 클릭한 상태에서 시작점에서 멀리 드래그하여 사진과 같이 간격을 늘여서 시간을 더 넓게 보고, [오른팔]이 선택된 상태에서 [0:00f]와 [03:15f] 사이에 있는 [오른팔]의 키프레임을 드래그하여 모두 선택한 후 Ctrl+C를 눌러 복사합니다. 현재 시간 표시기를 [04:00f]로 이동한 후 Ctrl+V를 눌러 붙여넣기 합니다. [오른다리], [왼다리], [왼팔]도 같은 방법으로 키프레임을 각각 복사&붙여넣기 합니다.

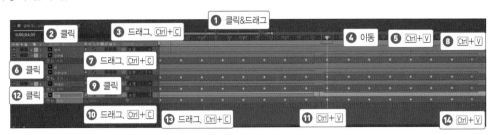

19 더욱 자연스러운 움직임을 주기 위해 모든 키프레임을 선택한 후 선택된 키프레임에서 마우스 오른쪽 버튼을 클릭하여 [키프레임 도우미] – [천천히 들어오기 및 나가기]를 클릭합니다. 키프레임이 모래시계 모양으로 바뀐 것을 확인할 수 있습니다.

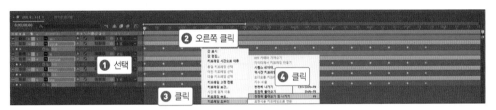

20 이제 소녀의 머리를 움직여 보겠습니다. 먼저 현재 시간 표시기를 맨 처음으로 위치시킨 후 [머리]가 선택된 상태에서 R을 누르면 [회전] 옵션이 나타납니다. [초시계 🕐]를 클릭하여 키프레임을 생성합니다.

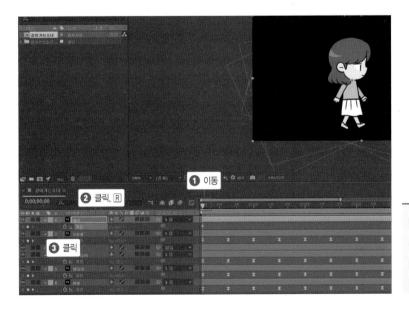

> **TIP** 머리의 움직임은 예제와 달리 원하는 만큼 자유롭게 움직여도 좋습니다.

21 현재 시간 표시기를 [01:00f]로 위치시킨 후 소녀의 머리가 살짝 숙여지도록 회전 수치에 '5'를 입력합니다.

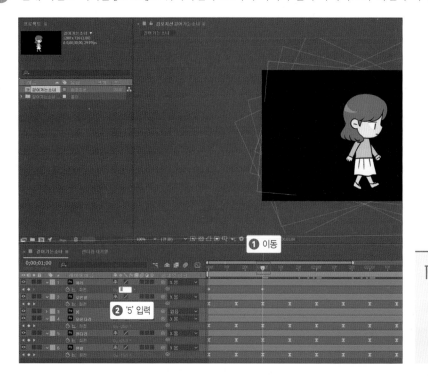

TIP 키프레임 간격 과 회전 수치는 원하는 만큼 자 유롭게 조절해 도 좋습니다.

22 현재 시간 표시기를 [02:00f]로 위치시킨 후 소녀의 머리가 약간 위쪽을 바라보도록 회전 수치에 '–5' 를 입력합니다.

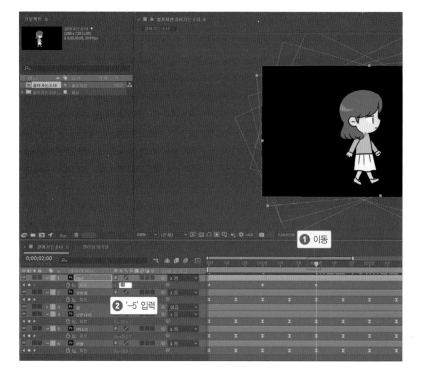

23 [머리]가 선택된 상태에서 [01:00f]와 [02:00f]에 있는 [머리]의 키프레임을 드래그하여 모두 선택한 후 Ctrl+C를 눌러 복사합니다. 현재 시간 표시기를 [03:00f]로 이동시킨 후 Ctrl+V를 눌러 붙여넣기 합니다.

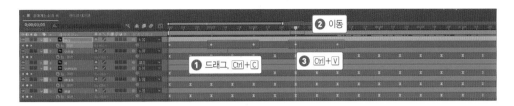

24 현재 시간 표시기를 [06:00f]로 위치시킨 후 회전 수치에 '0'을 입력합니다.

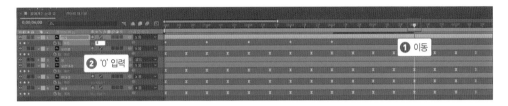

25 현재 시간 표시기를 [06:15f]로 위치시킨 후 소녀가 무언가를 바라보는 듯한 동작을 표현하기 위해 회전 수치에 '–10'을 입력합니다.

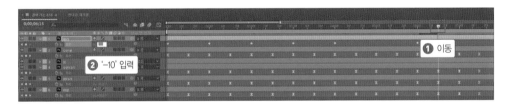

26 더욱 자연스러운 움직임을 주기 위해 [머리] 레이어의 키프레임을 드래그하여 선택한 후 선택된 키프레임에서 마우스 오른쪽 버튼을 클릭하여 [키프레임 도우미] – [천천히 들어오기 및 나가기]를 클릭합니다. 프레임이 모래시계 모양으로 바뀐 것을 확인할 수 있습니다.

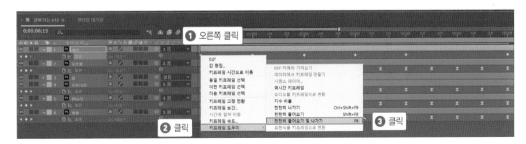

27 이제 소녀의 몸 전체를 움직여 보겠습니다. 먼저 현재 시간 표시기를 맨 처음으로 위치시킨 후 [몸]이 선택된 상태에서 [P]를 누르면 [위치] 옵션이 나타납니다. [초시계 🕐]를 클릭하여 키프레임을 생성한 후 소녀가 예제와 같이 미리보기 화면 왼쪽에 위치하도록 'X축 위치 수치'를 '230'으로 조절합니다.

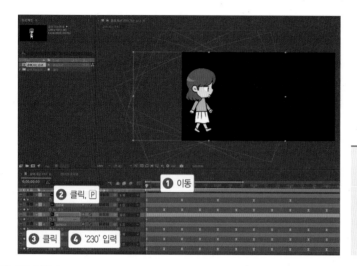

TIP [상위 뚝딱 툴 ⊚]로 소녀의 [몸] 레이어에 나머지 모든 레이어를 연결해 놓았기 때문에 [몸] 레이어를 움직이면 연결된 모든 레이어들이 함께 움직입니다.

TIP 위치 수치는 클릭한 상태에서 드래그하여 조절할 수도 있습니다. 이번 예제의 경우 소녀의 [몸] 레이어를 선택한 후 미리보기 화면에서 소녀의 몸을 클릭한 상태에서 [Shift]를 눌러 원하는 위치로 직접 드래그하여 소녀의 위치를 이동시킬 수도 있습니다. 위치 수치는 포토샵에서 그린 이미지의 크기나 위치에 따라 다르게 표시될 수 있으므로 소녀가 미리보기 화면 왼쪽에 위치하도록 'X축 위치 수치'를 조절하면 됩니다.

28 현재 시간 표시기를 [07:15f]로 위치시킨 후 소녀가 미리보기 화면 오른쪽에 위치하도록 'X축 위치 수치'를 '1195'로 입력합니다. 이제 걸어가는 소녀가 완성되었습니다.

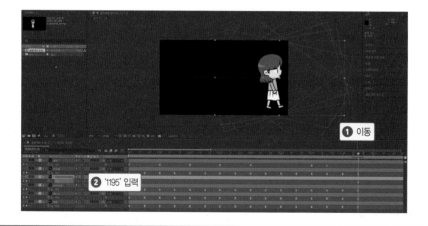

TIP 예제와 수치가 다르더라도 소녀가 미리보기 화면 오른쪽에 위치하도록 'X축 위치 수치'를 조절하면 됩니다.

29 렌더링하기에 앞서 불필요한 부분을 빼기 위해 작업 영역을 조절해 보겠습니다. 작업 영역은 렌더링하는 영상의 길이(시간)와 같습니다. 먼저 '작업 영역 종료점'을 클릭한 상태에서 시간 눈금자의 [07:15f]로 드래그하여 사진과 같이 작업 영역을 축소합니다.

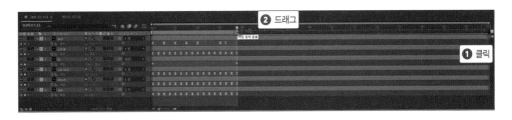

TIP 작업 영역 종료점을 [07:15f]에 정확히 맞출 수 있도록 시간 탐색기를 조절하여 시간을 세부적으로 봐도 좋습니다.

30 완성된 영상을 렌더링하기 위해서 상단 메뉴 바의 [파일] – [내보내기] – [렌더링 대기열에 추가]를 클릭하여 렌더링을 준비합니다.

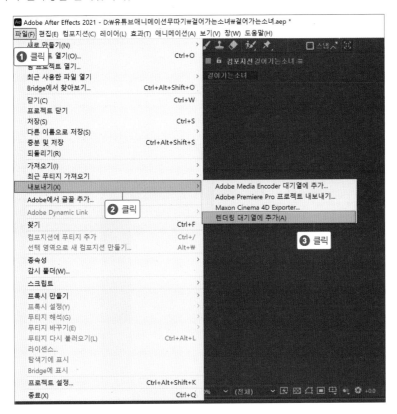

31 이제 영상 파일 출력 모듈을 설정해 보겠습니다. 이번 예제는 단독으로 사용해도 되는 영상이지만 이 책의 목적은 여러 가지 예제 영상 소스들을 스토리가 있는 하나의 영상으로 만드는 것이기 때문에 다른 영상 소스와 함께 사용하는 것을 염두에 두고 소녀를 제외한 배경은 투명한 상태로 출력할 것입니다. [손실 없음]을 클릭하고 형식을 [QuickTime]으로 선택하고 채널을 [RGB+알파]로 선택한 후 [확인]을 클릭합니다.

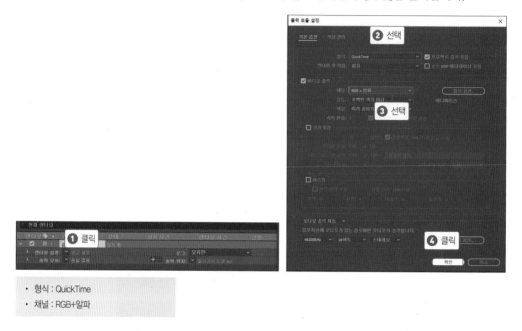

- 형식 : QuickTime
- 채널 : RGB+알파

32 영상을 저장할 경로를 설정해 주기 위해 '걸어가는소녀.mov'를 클릭하고 원하는 저장 경로를 선택하고 파일 이름에 '걸어가는소녀'를 입력한 후 [저장]을 클릭합니다.

33 이제 렌더링 준비가 완료되었습니다. [렌더링] 버튼을 클릭하여 렌더링을 진행합니다.

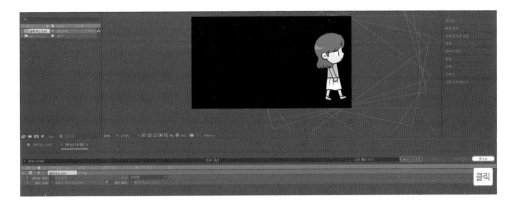

34 추가로 소녀가 이동하지 않고 제자리에서 걷는 버전의 영상도 만들어 보겠습니다. 먼저 소녀의 [몸] 레이어를 클릭하고 ❷, ❸을 차례로 클릭하면 [변형 옵션]이 모두 나타납니다.

35 [초시계 🕐]를 클릭하여 [몸]의 위치 수치 키프레임을 모두 없애고 [다시 설정]을 클릭하면 소녀가 원래 위치했던 곳으로 돌아가게 됩니다.

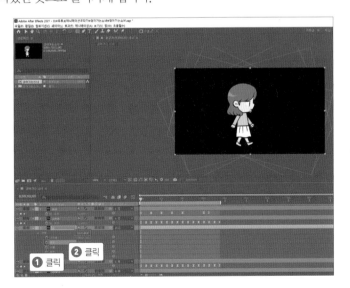

36 완성된 영상을 렌더링하기 위해서 상단 메뉴 바의 [파일] – [내보내기] – [렌더링 대기열에 추가]를 클릭하여 렌더링을 준비합니다.

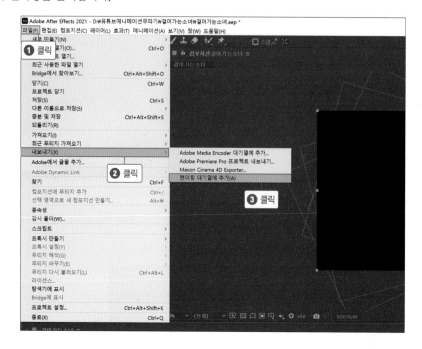

37 영상 파일 출력 형식과 영상 저장 경로를 전과 같이 설정한 후 '걸어가는소녀.mov'를 클릭합니다. 파일이름을 '걸어가는소녀_제자리'로 입력한 후 [저장]을 클릭하고 [렌더링] 버튼을 클릭하여 렌더링을 진행합니다. 렌더링이 완료되면 창을 닫아도 됩니다.

- YouTube Shorts란?

최근 유튜브에 Shorts라는 기능이 생겼습니다. Shorts란 1분 이내의 짧은 동영상을 추천해주는 기능입니다. 1분 이내로 끝나는 영상이기 때문에, 사람들의 시선을 한 번에 끌 수 있는 재미있는 내용, 이슈가 되는 내용, 신기한 내용 등의 영상이 올라오게 됩니다. 숏폼 플랫폼인 틱톡과 유사한 형태를 띄고 있어, 많은 관심을 모으고 있습니다.

Shorts는 유튜브의 최신 기능인 만큼 알고리즘에 많이 노출되어, 일반 영상보다 높은 조회수를 기록할 수 있습니다. 하지만 아직까지는 수익 창출 기능이 연동되지 않기에, 조회수에 따른 수익을 만들 수 없습니다. 그리고 Shorts의 시청 시간(재생시간)은 유튜브 파트너 프로그램의 수익창출요건(4000시간)에 포함되지 않습니다. 그럼에도 불구하고 일반 영상보다 많은 노출이 되고 있는 신규 기능이기에, 구독자 확보 및 콘텐츠 노출에 많은 도움을 받을 수 있습니다.

직접 영상을 편집하여 업로드할 수도 있지만, 유튜브 앱 내의 Shorts 스튜디오 기능을 사용하여 영상을 편집하고 음악과 텍스트를 추가할 수도 있습니다.

- YouTube Shorts에 영상을 올리는 방법

Shorts 영상을 올리기 위해서는 아래의 형식을 지켜줘야 합니다.

<영상 제작 형식>

• 비율 : 3:4, 9:16
• 시간 : 1분 이내(평균 15~30초)
• 태그 : 동영상 제목 혹은 동영상의 상세 정보란에 #Shorts 태그를 달고 업로드하기

<PC에서의 Shorts 영상 업로드 방법>

1. YouTube 스튜디오에 로그인합니다.
2. 오른쪽 상단에서 만들기 - [동영상 업로드]를 클릭합니다.
3. 다음 조건을 충족하는 짧은 동영상 파일을 선택합니다.
    • 최대 60초
    • 정사각형 동영상 또는 세로 동영상
4. (선택사항) 제목 또는 설명에 #Shorts를 포함하면 YouTube에서 내 Shorts 동영상이 추천되는 데 도움이 될 수 있습니다.
5. 모든 세부 정보를 입력한 후, [저장] 버튼을 클릭하면 업로드가 완료됩니다.

06

대화하는 자매

*예제 미리보기
QR코드를 핸드폰 카메라에 인식시켜주세요!

영상툰에서 자주 사용되는 대화 장면을 만들어보겠습니다. 자매를 레이어를 구분하여 제작한 뒤, 애프터 이펙트에 소스를 옮겨줍니다. 그다음 상위 뚝딱 툴, 레이어 분할, 사전 구성, wiggle, 위치 옵션을 사용하여 흔들리는 모션을 더해주도록 하겠습니다.

STEP
01

Ps

포토샵으로 자매 그리기

● **완성파일**: PART2/CHAPTER6/대화하는자매.PSD

1 [새 레이어의 추가 ⊞] 버튼을 클릭하여 [레이어 1]을 생성합니다. [브러시 도구 ✎]를 클릭하여 [레이어 1]에 팔짱을 낀 동생 모습을 오른편에 그려줍니다.

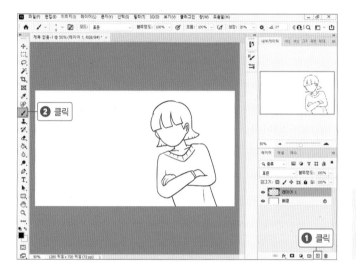

- 폭 : 1280
- 높이 : 720
- 단위 : 픽셀
- 해상도 : 72

2 코와 눈썹, 화가 난 빠직 표시를 머리 위에 그려줍니다.

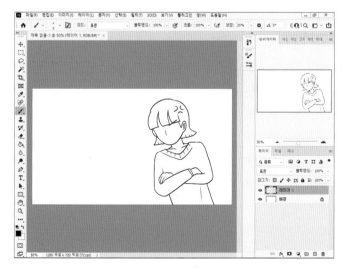

❸ [새 레이어의 추가 ⊞] 버튼을 클릭하여 [레이어 2]을 생성합니다. [레이어 2]에서 눈을 뜬 모습을 그려줍니다. 이때 다른 요소 없이 뜬 눈만 그려주도록 합니다.

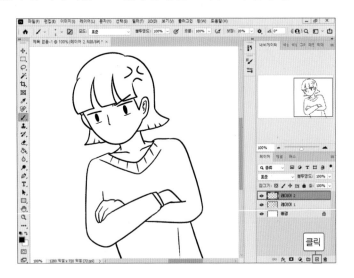

❹ [새 레이어의 추가 ⊡] 버튼을 클릭하여 [레이어 3]을 생성합니다. [레이어 3]에서 감은 눈을 그려줍니다.

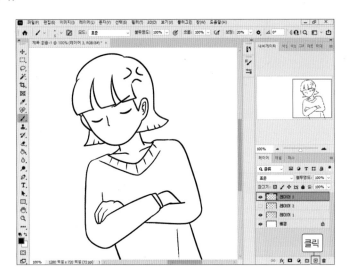

⑤ [새 레이어의 추가 ▣] 버튼을 클릭하여 [레이어 4]를 생성합니다. [레이어 4]에서 불만이 있는 듯한 입을 그려줍니다.

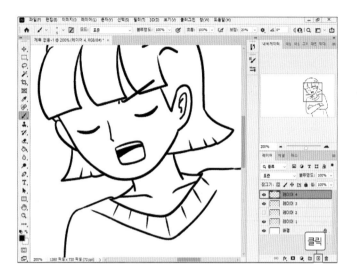

⑥ [새 레이어의 추가 ▣] 버튼을 클릭하여 [레이어 5]를 생성합니다. [레이어 5]에서 다문 입을 그려줍니다.

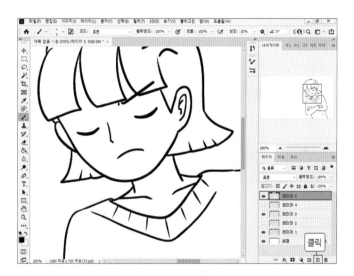

⑦ 이제 채색을 진행해 보겠습니다. 동생의 몸통이 그려진 [레이어 1]을 선택하고, [레이어 2]~[레이어 5]는 체크 해제하여 모두 꺼줍니다. [페인트 통 도구 🪣]를 클릭하고 [색상 피커 🎨]에서 색을 선택한 후 몸통을 클릭하여 채색합니다.

TIP 레이어를 따로 구분하여 채색한 후 병합하거나 레이어에 그대로 페인트 툴을 부어서 채색해도 됩니다.

⑧ [레이어 2]를 선택한 후 눈의 흰자 부분을 채색합니다. [레이어 4]에서는 입을 벌린 부분을 채색합니다. 반드시 각각 따로 채색해야 합니다.

TIP 레이어를 따로 두고 채색한 후 병합해 주거나 흰색을 칠하면 됩니다.

9 [새 레이어의 추가 □] 버튼을 클릭하여 [레이어 6]을 추가한 후 언니 캐릭터를 왼편에 그려줍니다.
화가 난 눈썹과 몸통을 한 레이어에 같이 그려놓도록 합니다.

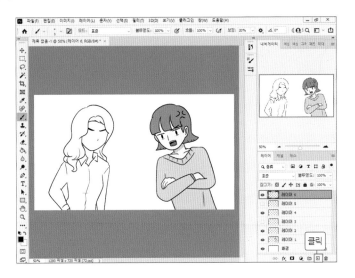

10 [새 레이어의 추가 □] 버튼을 클릭하여 [레이어 7]을 추가한 후 부릅뜬 눈을 그려줍니다.

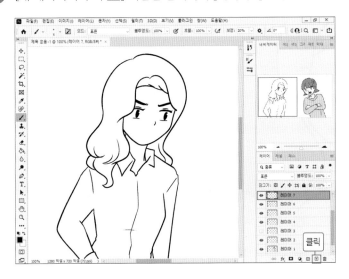

⑪ [새 레이어의 추가 🔳] 버튼을 클릭하여 [레이어 8]을 추가한 후 감은 눈을 그려줍니다.

⑫ [새 레이어의 추가 🔳] 버튼을 클릭하여 [레이어 9]를 추가한 후 벌린 입을 그려줍니다.

⓭ [새 레이어의 추가 🔲] 버튼을 클릭하여 [레이어 10]을 추가한 후 다문 입을 그려줍니다.

⓮ 이제 채색을 진행해 보겠습니다. [레이어 6]을 선택하고 [페인트 통 도구 🪣]를 클릭한 후 [색상 피커 🔲]에서 색을 선택하여 언니 캐릭터의 몸통을 채색합니다.

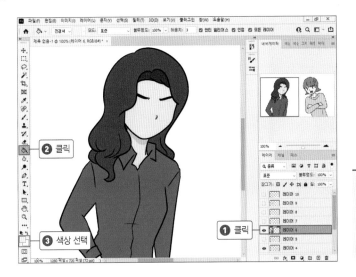

TIP 새 레이어를 아래에 추가한 후 채색하고 병합하거나, 한 레이어에 그대로 [페인트 통 도구 🪣]를 사용하여 채색해도 됩니다.

15 [레이어 7]을 선택하고 부릅뜬 눈의 흰자 부분을 채색합니다. [레이어 9]의 벌린 입의 안쪽 부분도 채색합니다.

16 이제 언니와 동생의 채색과 작화 작업이 모두 끝났습니다.

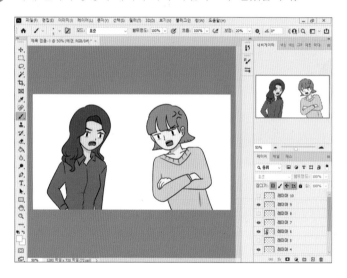

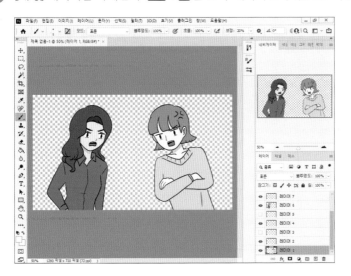 [배경] 레이어를 삭제한 후 Ctrl + S 를 눌러 '대화하는자매.PSD' 파일로 저장합니다.

 대화하는 자매의 그림이 완성되었습니다.

Ae

애프터 이펙트로 움직이기

● **예제파일**: PART2/CHAPTER6/대화하는자매.PSD, 대화하는자매.AEP
● **완성파일**: PART2/CHAPTER6/대화하는 자매.MOV

① 애프터 이펙트를 실행하고, '대화하는자매.PSD' 파일을 불러옵니다. 불러오기 옵션창에서 [가져올 파일 종류]를 '컴포지션'으로 선택하고 [레이어 옵션]을 '레이어 스타일을 푸티지로 병합'으로 선택한 후 [확인]을 클릭합니다. 프로젝트 패널에 '대화하는자매.psd' 파일이 들어 있는 [컴포지션]이 자동으로 생성됩니다. 생성된 '대화하는 자매' 컴포지션을 더블클릭하여 엽니다.

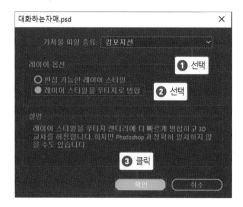

② 컴포지션의 배경색을 바꾸는 방법을 알아보겠습니다. 상단 메뉴 바에서 [컴포지션] – [컴포지션 설정]을 클릭합니다.

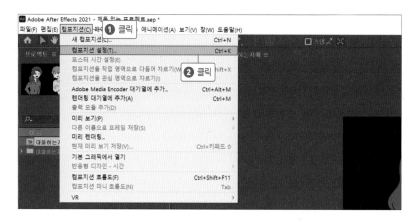

TIP 객체에 따라 작업을 할 때 보기 편한 컴포지션의 배경색으로 바꿔주면 더 편하게 작업할 수 있습니다. 컴포지션의 배경색을 바꿔도 컴포지션의 배경은 투명한 상태로 유지됩니다.

③ 컴포지선 설정창에서 [배경색] 옆의 박스를 클릭합니다.

④ 색상 팔레트에서 흰색을 선택한 후 [확인]을 클릭하고 [컴포지선 설정]창에서 [확인]을 클릭합니다.

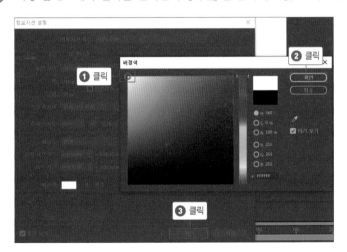

TIP 색상은 컴포지선의 객체가 잘 보이는 선에서 자유롭게 설정해도 좋습니다.

⑤ 이제 작업 시 알아보기 편하도록 레이어의 이름을 변경해 주겠습니다. 사진을 참고하여 각 레이어의 이름을 변경합니다. 레이어의 순서는 포토샵에서 설정한 것에 따라 다를 수 있으므로 이름을 변경할 때 각 레이어의 위치를 잘 확인해 줍니다.

TIP 레이어 이름 변경 방법은 Chapter 3-STEP 2의 ④를 참고합니다.

6 이번 예제처럼 레이어의 개수가 많고 분류가 필요할 때 레이어를 더 쉽게 구별할 수 있도록 레이어의 색을 변경하는 방법을 배워 보겠습니다. 동생에 해당하는 레이어를 Ctrl + 클릭하여 모두 선택한 후 **2**를 클릭하고 [노랑]을 클릭하면 해당 레이어의 색이 노랑으로 바뀝니다.

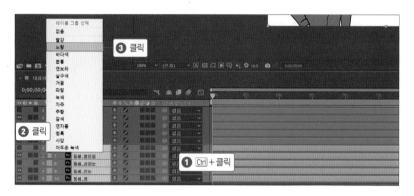

TIP 레이어의 색상은 자유롭게 설정해도 좋습니다.

TIP 동생에 해당하는 레이어는 [동생_닫은입], [동생_벌린입], [동생_감은눈], [동생_뜬눈], [동생_몸] 레이어입니다.

---

7 같은 방법으로 언니에 해당하는 레이어를 Ctrl + 클릭하여 모두 선택한 후 **2**를 클릭하고 [바다색]을 클릭합니다.

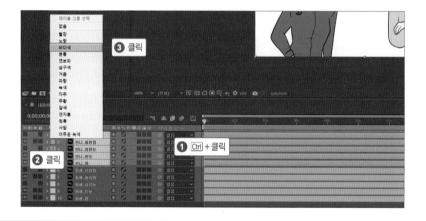

TIP 취향에 따라 다른 색을 선택해도 좋습니다.

TIP 언니에 해당하는 레이어는 [언니_닫은입], [언니_벌린입], [언니_감은눈], [언니_뜬눈], [언니_몸] 레이어입니다.

8 자매를 움직이기에 앞서 자매 때문에 화면이 너무 꽉 차 보이지 않도록 약간의 여백을 주기 위해 자매의 위치를 아래쪽으로 조금 내려주겠습니다. 만약 이번 예제와 다르게 [자매의 몸 레이어]에 좀 더 다양한 움직임을 주고 싶다면 [상위 뚝딱 툴 ]로 언니의 눈과 입을 [언니_몸] 레이어에, 동생의 눈과 입을 [동생_몸] 레이어에 연결한 후 [언니_몸]과 [동생_몸] 레이어의 '위치 수치'를 조절하여 움직이면 됩니다.

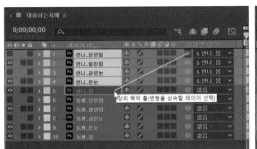

TIP 자매의 몸 레이어에 추가적인 움직임을 주지 않을 것이라면 [상위 뚝딱 툴 ]을 사용하여 레이어를 연결하지 않고 다음 단계로 넘어가도 됩니다.

9 **8**에서 자매의 몸에 각각 레이어들을 연결해 주었다면 [언니_몸]과 [동생_몸]을 Ctrl + 클릭하여 모두 선택한 후 미리보기 화면의 자매를 클릭한 상태에서 Shift 를 누르고 아래로 살짝 클릭&드래그하여 자매의 위치를 내려줍니다.

TIP 만약 **8**에서 [상위 뚝딱 툴 ]을 사용하지 않았다면 '자매의 모든 레이어'를 드래그하여 선택한 후 같은 방법으로 자매의 위치를 이동시켜 주면 됩니다.

TIP 미리보기 화면에서 마우스로 객체의 위치를 조절할 때 Shift 를 누르면 객체가 직선으로 움직일 때 흔들리지 않도록 보정이 됩니다.

⑩ 이제 언니와 동생의 [몸] 레이어를 제외한 모든 레이어를 Ctrl + 클릭하여 선택합니다. 시간 탐색기의 종료점을 클릭한 상태에서 시작점 쪽으로 드래그하여 사진과 같이 간격을 줄여서 시간을 더 세부적으로 보고, 현재 시간 표시기를 [05f]로 위치시켜 줍니다.

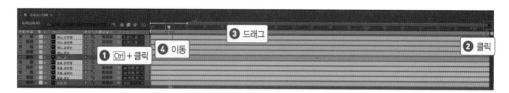

⑪ 상단 메뉴 바의 [편집] – [레이어 분할(Ctrl + Shift + D)]을 클릭하여 레이어를 분할합니다.

⑫ 레이어를 분할하면 분할된 레이어의 뒷부분이 자동으로 선택됩니다. Delete 를 눌러 삭제합니다.

⑬ 먼저 눈을 깜빡이는 애니메이션을 만들어 보겠습니다. [언니_뜬눈]과 [동생_뜬눈]을 Ctrl + 클릭하고 사진과 같이 레이어의 종료점을 클릭한 상태에서 오른쪽으로 드래그하여 레이어의 길이를 [02:00f]까지 늘여줍니다.

TIP [뜬눈] 레이어의 길이만큼 눈을 깜빡이는 간격이 정해지므로 원하는 만큼 레이어의 길이를 자유롭게 조절해도 좋습니다.

⓮ [언니_감은눈]과 [동생_감은눈]을 Ctrl + 클릭하고 현재 시간 표시기를 [02:00f]에 위치시킨 후 []를 누르면 선택된 레이어가 현재 시간 표시기의 뒤쪽으로 이동됩니다.

TIP 반대로 []를 누르면 선택된 레이어가 현재 시간 표시기의 앞쪽으로 이동됩니다.

⓯ [언니_뜬눈]과 [동생_뜬눈]을 Ctrl + 클릭하고 Ctrl + D를 눌러 레이어를 복사합니다.

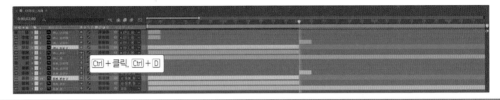

TIP 복사된 레이어는 자동으로 선택됩니다.

⓰ 복사된 두 레이어가 모두 선택된 상태에서 현재 시간 표시기를 [02:05f]에 위치시킨 후 []를 누르면 레이어가 [02:05f]로 이동됩니다. 간단하게 눈이 깜빡이는 모습을 표현할 수 있습니다.

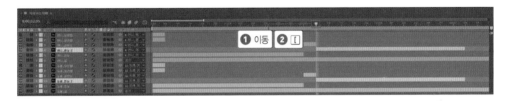

⓱ 지금부터는 언니와 동생의 눈 깜빡임이 겹치지 않도록 따로 작업해 주겠습니다. [언니_감은눈] 레이어를 선택한 후 Ctrl + D로 레이어를 복사한 다음 복사된 레이어가 선택된 상태에서 현재 시간 표시기를 [04:05f]에 위치시키고 []를 누르면 레이어가 [04:05f]로 이동됩니다.

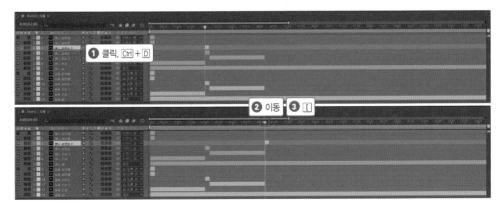

18 [언니_뜬눈 2]를 선택한 후 `Ctrl`+`D`로 레이어를 복사한 다음 복사된 레이어가 선택된 상태에서 현재 시간 표시기를 [04:10f]에 위치시키고 `[`를 누르면 레이어가 [04:10f]로 이동됩니다. 눈 깜빡임이 자연스럽도록 레이어를 클릭&드래그하여 대략 3분의 1 정도로 줄여줍니다.

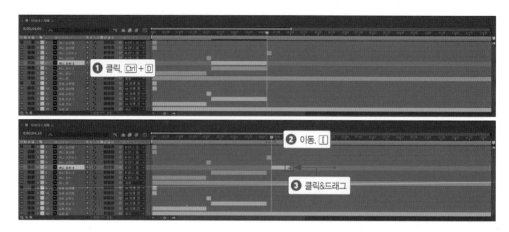

19 이번에는 [언니_감은눈 2]를 선택한 후 `Ctrl`+`D`로 레이어를 복사한 다음 복사된 레이어가 선택된 상태에서 현재 시간 표시기를 [05:00f]에 위치시키고 `[`를 누르면 레이어가 [05:00f]로 이동됩니다.

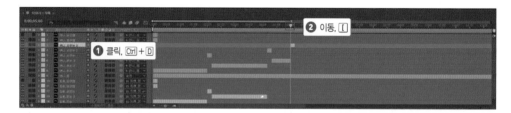

20 같은 방법으로 [언니_뜬눈 2]를 선택한 후 `Ctrl`+`D`로 레이어를 복사한 다음 복사된 레이어가 선택된 상태에서 현재 시간 표시기를 [05:05f]에 위치시키고 `[`를 눌러 레이어를 [05:05f]로 이동합니다.

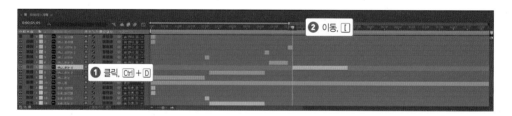

TIP 원하는 만큼 레이어의 길이를 조절해도 좋습니다.

㉑ 이제 언니의 눈에 해당하는 레이어를 모두 선택한 후 상단 메뉴 바의 [레이어] – [사전 구성]을 클릭하고, [사전 구성]창에서 [새 컴포지션 이름]에 '언니_눈'을 입력하고 '컴포지션 지속 시간을 선택한 레이어의 시간 범위에 적용'을 체크한 후 [확인]을 클릭합니다.

TIP Ctrl + Shift + C 또는 상단 메뉴 바의 [레이어]-[사전 구성]을 선택합니다.

TIP 타임라인 패널에 레이어가 많을 때 이 기능을 사용하여 레이어들을 묶어주면 복잡함이 덜해지고, 반복되는 레이어 구성을 복사할 때 편리한 장점이 있습니다. 타임라인 패널에 생성된 컴포지션 레이어를 더블클릭하면 안에 들어 있는 레이어를 수정할 수 있습니다.

㉒ [언니_눈]이라는 새로운 컴포지션이 생성되고, 선택했던 언니의 눈에 해당하는 레이어들이 모두 들어가게 됩니다.

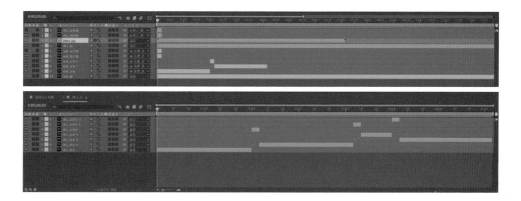

㉓ 생성된 [언니_눈] 컴포지션 레이어를 선택하고 Ctrl+D를 눌러 레이어를 복사한 후 복사된 레이어가 선택된 상태에서 현재 시간 표시기를 [07:05f]에 위치시키고 I를 누르면 레이어가 [07:05f]로 이동됩니다.

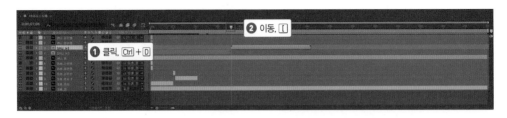

㉔ 같은 방법으로 [언니_눈] 컴포지션 레이어를 선택하고 Ctrl+D를 눌러 레이어를 복사한 후 복사된 레이어가 선택된 상태에서 현재 시간 표시기를 [14:10f]에 위치하고 I를 누르면 레이어가 [14:10f]로 이동됩니다. 마찬가지로 [언니_눈] 컴포지션 레이어를 복사하고 현재시간 표시기를 [21:15f]로 위치한 후 I를 눌러 레이어를 이동합니다.

㉕ 만약 눈을 깜빡이는 간격을 줄이고 싶다면 첫 번째 [언니_눈] 레이어를 제외한 모든 [언니_눈] 레이어를 Ctrl+클릭한 상태에서 타임라인 패널의 레이어 막대를 클릭&드래그하여 언니가 눈을 깜빡인 직후인 [05:15f]로 이동합니다.

26 첫 번째 [언니_눈] 레이어의 종료점을 클릭한 상태에서 [05:15f]로 드래그하면 두 컴포지션 레이어가 겹치는 부분이 가려지고 눈을 깜빡이는 간격을 줄일 수 있습니다.

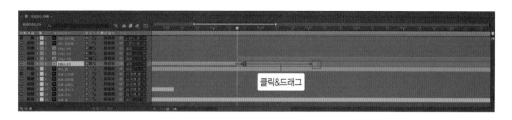

TIP 상황에 따라 시간 탐색기의 간격을 조절하면 작업에 편리합니다.

27 **25**, **26**과 같은 방법으로 나머지 [언니_눈] 컴포지션 레이어들을 겹쳐줍니다.

28 이제 동생의 눈을 깜빡여 주겠습니다. 먼저 동생의 눈에 해당하는 모든 레이어를 Ctrl + 클릭하여 선택한 후 타임라인 패널의 레이어 막대를 클릭한 상태에서 왼쪽으로 드래그하여 [동생_뜬눈] 레이어의 시작 부분이 절반쯤 잘리도록 이동시켜 언니와 눈을 깜빡이는 시간이 겹치지 않게 해줍니다.

29 [동생_감은눈] 레이어를 선택하고 Ctrl + D로 복사한 후 복사된 레이어가 선택된 상태에서 현재 시간 표시기를 [03:17f]에 위치시키고 I를 누르면 레이어가 [03:17f]로 이동됩니다.

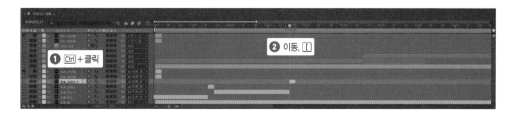

30 [동생_뜬눈 2]와 [동생_감은눈 2]를 Ctrl + 클릭하여 선택한 후 Ctrl + D를 눌러 복사합니다. 복사된 [동생_뜬눈3], [동생_감은눈3] 레이어의 막대를 클릭&드래그하여 [03:22f] 또는 [동생_감은눈 2] 레이어의 종료점으로 이동시켜 줍니다.

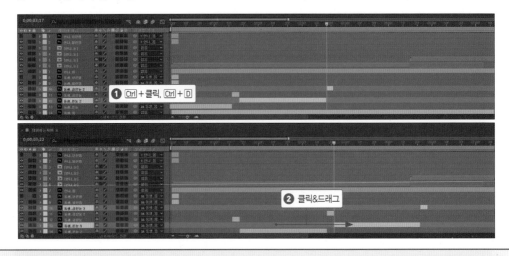

TIP　두 개 이상의 레이어를 선택하여 이동할 때에는 Ⅰ를 사용하지 않고 레이어 막대를 클릭&드래그하여 이동해 줍니다.

31 만약 깜빡이는 간격을 더 줄이고 싶다면 [동생_뜬눈 3] 레이어의 길이를 원하는 만큼 줄이고, 줄어든 레이어의 종료점에 [동생_감은눈 3] 레이어를 연결해 주면 됩니다.

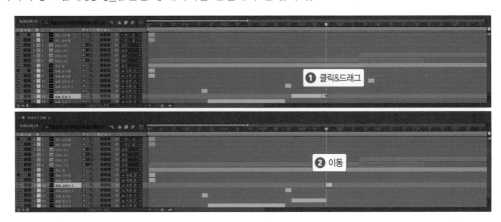

32 같은 방법으로 [동생_뜬눈 3]과 [동생_감은눈 3]을 Ctrl + 클릭해 선택한 후 Ctrl + D를 눌러 복사하고 복사된 [동생_뜬눈4], [동생_감은눈4] 레이어의 막대를 클릭&드래그하여 [동생_감은눈 3] 레이어의 끝부분과 같은 프레임으로 이동합니다.

33 레이어가 많을 경우 타임라인 패널을 클릭하고 마우스 휠이나 타임라인 패널 우측의 스크롤로 가려진 레이어를 볼 수 있지만 타임라인 패널의 경계선을 클릭한 상태에서 위쪽으로 드래그하여 패널의 영역을 넓혀줄 수도 있습니다.

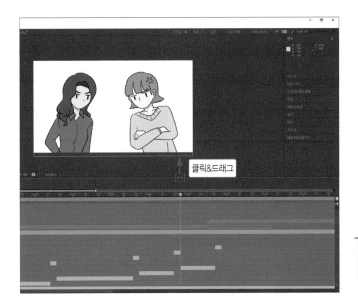

TIP 다른 패널들도 같은 방법으로 영역을 조절할 수 있습니다.

34 이제 동생의 눈에 해당하는 레이어를 모두 선택한 후 상단 메뉴 바의 [레이어] – [사전 구성]을 클릭하고, [사전 구성] 설정창에서 [새 컴포지션 이름]에 '동생_눈'을 입력하고 '컴포지션 지속 시간을 선택한 레이어의 시간 범위에 적용'을 체크한 후 [확인]을 클릭합니다. [동생_눈]이라는 새로운 컴포지션이 생성되고, 선택했던 동생의 눈에 해당하는 레이어들이 모두 들어갑니다.

35 언니의 눈과 같은 방법으로 [동생_눈] 레이어를 Ctrl + D로 복사하고 현재 시간 표시기를 원래 레이어의 종료점으로 이동한 뒤, I를 눌러 복사된 레이어를 이동합니다. 마찬가지로 [동생_눈] 레이어를 Ctrl + D로 복사하고 사진을 참고하여 나란히 배치합니다.

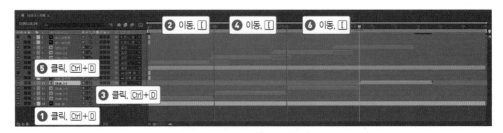

36 이제 언니의 입을 움직여 주겠습니다. [언니_닫은입] 레이어를 선택하고 [05f]로 이동한 후 [눈버튼 ]을 클릭하여 레이어가 미리보기 화면에서 보이게 합니다. 이런 식으로 입이 움직이는 모습을 표현해보겠습니다.

37 [언니_닫은입]과 [언니_벌린입]을 모두 선택하여 Ctrl + D로 복사한 후 복사된 레이어가 선택된 상태에서 레이어 막대를 클릭&드래그하여 [10f]로 이동합니다.

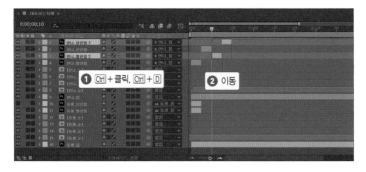

38 언니의 입에 해당하는 레이어를 모두 선택하고 Ctrl + D 로 복사한 후 복사된 레이어를 사진과 같이 [20f]로 이동합니다.

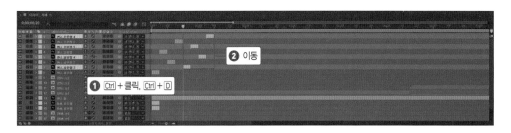

❷ 이동
❶ Ctrl + 클릭, Ctrl + D

TIP 선택된 레이어 중 가장 앞에 있는 레이어를 기준으로 이동해 줍니다.

39 같은 방법으로 언니의 입에 해당하는 레이어를 모두 선택하고 Ctrl + D 로 복사한 후, 복사된 레이어의 막대를 클릭&드래그하여 복사 전 레이어의 뒤로 이어줍니다.

❶ Ctrl + 클릭, Ctrl + D
❷ 클릭&드래그

TIP 복사된 레이어는 자동으로 선택됩니다.

TIP 언니와 동생이 주고받는 대사는 자유롭게 설정해 줍니다. 대사 대본이 정해졌다면 녹음을 하거나 직접 읽어보며 대사의 길이를 대략적으로 예상해 보고 언니와 동생의 입이 움직이는 시간을 설정해 줍니다.

40 이 작업을 '언니의 대사 길이에 맞춰서 반복'합니다. 대사의 길이와 언니의 입이 움직이는 길이를 비교해 보고 초과하는 부분의 레이어가 있다면 [Ctrl] + 클릭하여 선택한 후 [Delete]를 눌러 지워줍니다.

41 사진을 참고하여 언니의 대사가 끝나는 시간에 위치한 [언니_닫은입] 레이어를 선택한 후 레이어의 종료점을 클릭한 상태에서 오른쪽으로 드래그하여 레이어의 길이를 늘여줍니다. 이때 레이어의 길이는 동생의 대사 시간과 비슷하게 설정합니다.

TIP 대사 대본을 정하고 직접 녹음을
하거나 대본을 읽어보며 동생의
대사 시간을 예상해 봅니다.

42 이제 동생의 입을 움직여 보겠습니다. 언니가 이야기하는 동안 동생은 듣고 있으므로 동생의 입은 다문 상태로 있어야 합니다. 먼저 [동생_닫은입] 레이어의 [눈버튼 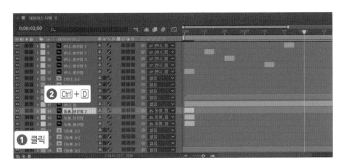]을 클릭하여 켜주고, Ctrl + D로 레이어를 복사합니다.

43 [동생_닫은입] 레이어의 길이를 언니의 대사가 끝나는 시간까지 드래그하여 늘여줍니다. [동생_벌린입]과 [동생_닫은입 2] 레이어를 [동생_닫은입] 레이어가 끝나는 시간으로 사진을 참고하여 배치합니다.

44 [동생_벌린입]과 [동생_닫은입 2] 레이어를 Ctrl을 누른 상태에서 클릭하고 Ctrl + D를 눌러 복사합니다. 복사한 레이어를 클릭한 상태에서 [동생_닫은입 2] 레이어 뒤로 배치합니다. 작업 시 알아보기 편하도록 레이어를 클릭&드래그하여 순서를 차례대로 변경해 주어도 좋습니다.

45 같은 방법으로 사진을 참고하여 [동생_벌린입], [동생_닫은입 2], [동생_벌린입 2], [동생_닫은입 3]을 복사합니다. 복사된 레이어의 막대를 클릭&드래그하여 앞선 레이어의 뒤로 이동합니다. 마찬가지로 [동생_벌린입3], [동생_닫은입4], [동생_벌린입 4], [동생_닫은입5]를 복사한 뒤 복사된 레이어의 막대를 클릭&드래그하여 이전 레이어의 뒤로 배치합니다.

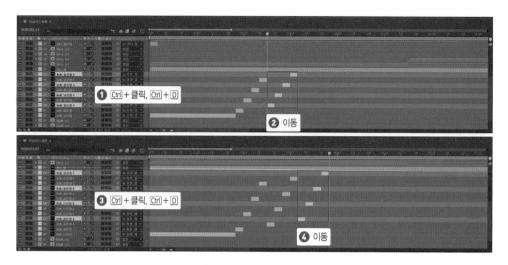

46 언니의 대사도 마찬가지로 사진과 같이 앞선 [언니_벌린입]과 [언니_닫은입] 레이어들을 복사합니다. 복사된 레이어의 막대를 클릭&드래그하여 전에 길이를 늘였던 [언니_닫은입] 레이어 뒤에 배치합니다.

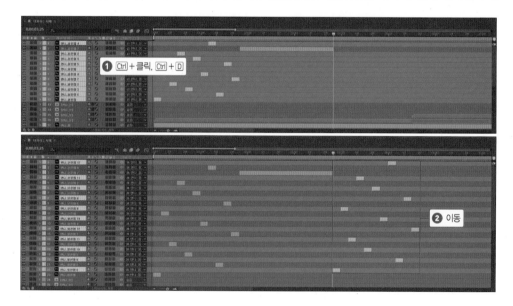

47 배치한 레이어 중 마지막 레이어를 클릭하고 레이어의 종료점을 클릭한 상태에서 오른쪽으로 드래그하여 길이를 늘여줍니다. 레이어의 길이는 동생의 다음 대사 시간과 같게 설정합니다.

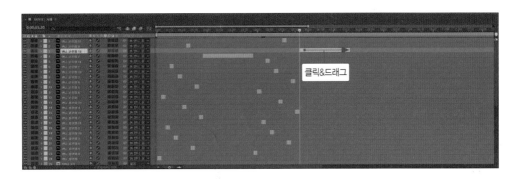

48 [동생_닫은입 7] 레이어의 종료점을 클릭한 상태에서 오른쪽으로 드래그하여 언니의 앞선 대사시간 만큼 길이를 늘려줍니다. 모든 [동생_벌린입]과 [동생_닫은입] 레이어들을 복사한 후, 복사한 레이어의 막대를 클릭&드래그하여 [동생_닫은입7] 레이어 뒤로 배치합니다.

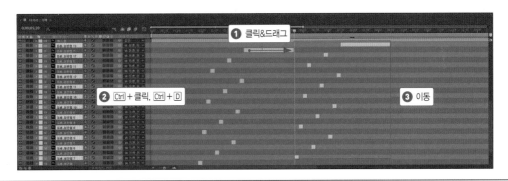

TIP 레이어의 개수가 많아지면 타임라인 패널의 경계선을 클릭한 상태에서 위쪽으로 드래그하여 패널 영역을 넓혀주면 좋습니다.

49 **46**~**48**을 정해둔 대본의 길이만큼 반복합니다. 레이어가 너무 많아진다면 작업 시 헷갈리지 않도록 레이어 순서를 변경해 주어도 좋습니다.

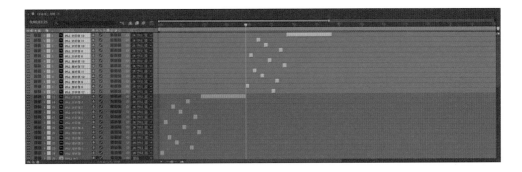

50 정해둔 언니와 동생의 대사에 맞춰 입을 움직이는 작업이 모두 끝났다면 복잡한 레이어를 [사전 구성] 기능으로 합쳐서 정리해 주겠습니다. 먼저 '언니의 입에 해당하는 모든 레이어'를 선택한 후 상단 메뉴 바의 [레이어]-[사전 구성]을 클릭합니다. [사전 구성] 설정창에서 [새 컴포지션 이름]에 '언니_입'을 입력하고 '컴포지션 지속 시간을 선택한 레이어의 시간 범위에 적용'을 체크한 후 [확인]을 클릭합니다.

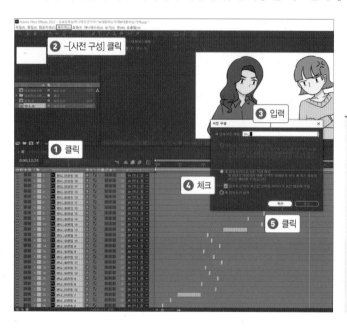

TIP 언니의 입에 해당하는 첫 번째 레이어를 클릭한 후 Shift 를 누른 상태로 언니의 입에 해당하는 마지막 레이어를 클릭하면 두 레이어를 포함한 두 레이어 사이의 모든 레이어들이 한꺼번에 선택됩니다. 반대로 특정 레이어들을 하나하나 선택할 때는 Ctrl 을 누른 상태로 선택하려는 레이어들을 클릭합니다.

51 같은 방법으로 동생의 입에 해당하는 모든 레이어를 선택한 후 상단 메뉴 바의 [레이어]-[사전 구성]을 클릭하고, [사전 구성]창에서 [새 컴포지션 이름]에 '동생_입'을 입력하고 '컴포지션 지속 시간을 선택한 레이어의 시간 범위에 적용'을 체크한 후 [확인]을 클릭합니다.

52 이제 자매의 대화 시간에 맞춰 작업 영역을 조절해 주겠습니다. '작업 영역 종료점'을 클릭한 상태에서 [언니_입] 레이어가 끝나는 시간으로 드래그하여 사진과 같이 작업 영역을 축소합니다.

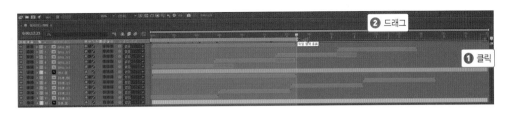

53 다시 한 번 언니에 해당하는 모든 레이어를 선택하고 상단 메뉴 바의 [레이어]-[사전 구성]을 클릭한 후 [사전 구성]창에서 [새 컴포지션 이름]에 '언니'를 입력하고 '컴포지션 지속 시간을 선택한 레이어의 시간 범위에 적용'을 체크한 후 [확인]을 클릭합니다.

54 같은 방법으로 동생에 해당하는 모든 레이어를 선택하고 상단 메뉴 바의 [레이어]-[사전 구성]을 클릭한 후 [사전 구성]창에서 [새 컴포지션 이름]에 '동생'을 입력하고 '컴포지션 지속 시간을 선택한 레이어의 시간 범위에 적용'을 체크한 후 [확인]을 클릭합니다.

55 이제 캐릭터가 말할 때 몸이 살짝 흔들리는 효과를 넣어보겠습니다. 상황에 따라 캐릭터가 말하고 있을 때 흔들림을 주면 보는 이로 하여금 입만 움직였을 때보다 더 말하고 있다는 느낌이 들게 할 수 있습니다. [언니] 레이어를 선택하고 P를 누르면 '위치 수치'가 나타납니다. [위치] 옆의 [초시계 ◯]를 Alt를 누른 상태에서 클릭하면 [표현식: 위치] 옵션이 나타납니다. 표현식 입력창에 'wiggle(11,3)'을 입력하고 화면의 아무 곳이나 클릭합니다.

> TIP wiggle은 대상에 자동화 흔들림 애니메이션을 주는 표현식 언어이고, 괄호 안에 숫자를 입력하여 흔들기를 조절할 수 있습니다. 첫 번째 숫자는 초당 흔들리는 횟수이고, 두 번째 숫자는 흔들리는 픽셀의 범위입니다. 즉, wiggle(11,3)은 초당 11회 3픽셀로 흔들립니다.

> TIP 표현식은 표현식 언어 입력창에 표현식 언어를 입력하여 동작을 자동화함으로 일일이 키프레임을 만들지 않고도 복잡한 애니메이션을 간단하게 만들 수 있는 기능입니다. 여러 가지 표현식 언어가 있지만 보통 위치 속성의 흔들림(wiggle)을 주로 사용합니다.

56 [언니] 레이어는 아래 그림을 참고하여 언니가 말하는 부분과 말하지 않는 부분을 구분하여 레이어를 분할합니다. 분할된 레이어 중 언니가 말하지 않는 부분의 레이어를 클릭하고 P를 누르면 '위치 수치'가 나타납니다. [초시계 ◯]를 Alt를 누른 상태에서 클릭하여 [표현식: 위치] 옵션을 꺼주어 언니가 말하지 않는 부분에서는 언니의 몸이 흔들리지 않도록 해줍니다.

> TIP 상황에 따라 시간 탐색기의 간격을 조절하면 작업이 편합니다.

> TIP 레이어를 분할하는 방법은 **11**을 참고합니다.

57 뒷부분의 나머지 [언니] 레이어도 같은 방법으로 언니가 말하는 부분과 말하지 않는 부분을 구분하여 레이어를 분할해 주고, 분할된 레이어 중 언니가 말하지 않는 부분의 레이어를 클릭하고 P를 누르면 '위치 수치'를 표시합니다. [초시계]를 Alt를 누른 상태에서 클릭하여 [표현식: 위치] 옵션을 꺼줍니다.

58 이제 [동생] 레이어를 선택하고 앞부분에 동생이 말하지 않는 부분을 분할해 줍니다. 동생이 말하는 부분의 레이어를 선택하고 P를 누르면 '위치 수치'가 나타납니다. [위치] 옆의 [초시계]를 Alt를 누른 상태에서 클릭하면 [표현식: 위치] 옵션이 나타납니다. 표현식 입력창에 'wiggle(11,3)'을 입력하고 화면의 아무 곳이나 클릭합니다.

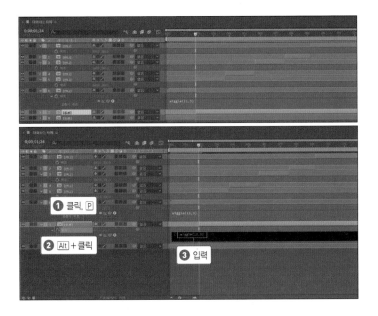

59 뒷부분의 나머지 [동생] 레이어도 같은 방법으로 사진을 참고하여 동생이 말하는 부분과 말하지 않는 부분을 구분하여 레이어를 분할해 줍니다. 분할된 레이어 중 동생이 말하지 않는 부분의 레이어를 클릭하고 P를 누르면 '위치 수치'가 나타납니다. [초시계 🕐]를 Alt 를 누른 상태에서 클릭하여 [표현식: 위치] 옵션을 꺼줍니다.

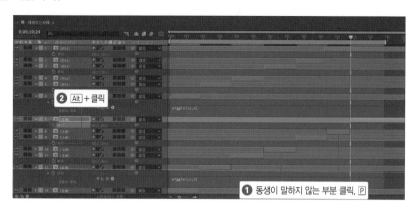

60 만약 언니나 동생의 몸이 흔들릴 때 하단의 잘린 부분이 보인다면 언니와 동생의 모든 레이어를 선택한 후 미리보기 화면을 클릭한 상태에서 아래로 약간 드래그하여 언니와 동생의 위치를 아래로 약간 내려 줍니다. 이제 대화하는 자매가 완성되었습니다.

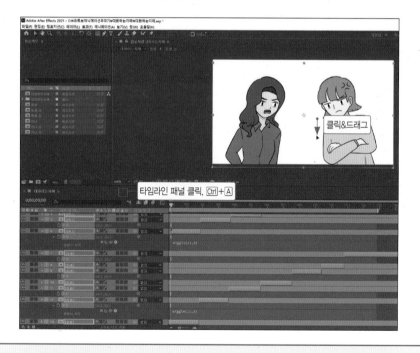

TIP 타임라인 패널에 있는 모든 레이어를 선택할 때는 타임라인 패널을 클릭하고 Ctrl + A를 누르면 됩니다.

61 완성된 영상을 렌더링하기 위해서 상단 메뉴 바의 [파일] – [내보내기] – [렌더링 대기열에 추가]를 클릭하여 렌더링을 준비합니다. 자매를 제외한 배경은 투명한 상태로 출력할 것입니다. [손실 없음]을 클릭하고 형식을 [QuickTime]으로 선택하고 채널을 [RGB+알파]로 선택한 후 [확인]을 클릭합니다.

- 형식 : QuickTime
- 채널 : RGB+알파

62 영상을 저장할 경로를 설정해 주기 위해 '대화하는자매.mov'를 클릭하고 원하는 저장 경로를 선택하고 파일 이름을 입력한 후 [저장]을 클릭합니다. 이제 렌더링 준비가 완료되었으면 [렌더링] 버튼을 클릭하여 렌더링을 진행합니다.

정차하는 기차

*예제 미리보기
QR코드를 핸드폰 카메라에 인식시켜주세요!

빠르게 들어오다가 천천히 속력을 멈추는 기차를 만들어 보도록 하겠습니다. 포토샵에서 길쭉한 기차의 형태를 완성하고, 애프터 이펙트에서 위치, 그래프 기능을 사용하여 기차의 속력을 조절해 봅시다.

Ps

포토샵으로 기차 그리기

● **완성파일**: PART2/CHAPTER7/기차.PSD

① 3000px×720px의 흰 배경을 만듭니다. [새 레이어의 추가 ▣] 버튼을 클릭하여 [레이어 1]을 생성합니다.

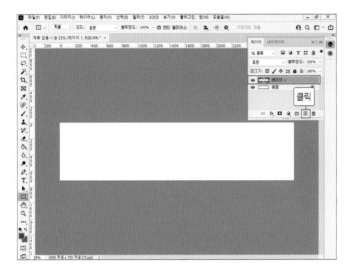

② 격자를 만들어 주겠습니다. Ctrl+R을 눌러 줄자를 활성화시킨 후 [이동 도구 ⊕]를 선택한 상태로 위에서 아래로 드래그하면 가이드용 격자가 생겨납니다. 기차를 그릴 위치를 적절히 잡아줍니다.

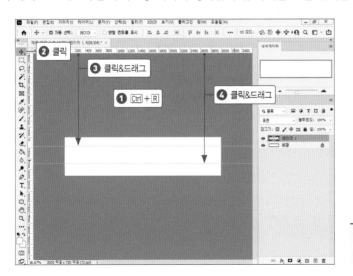

TIP 줄자 활성화 단축키 - Ctrl+R

③ [도형 도구 ▣]를 선택한 후 [색상 피커 ▦] 패널에서 회색을 선택하고 두 개의 둥근 직사각형을 만듭니다.

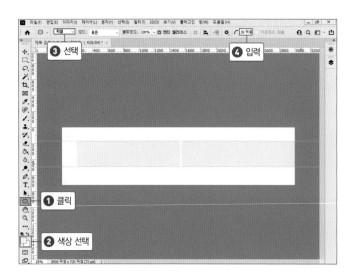

④ [지우개 도구 ✦]를 선택한 후 기차의 앞머리 부분을 날렵하게 깎아줍니다.

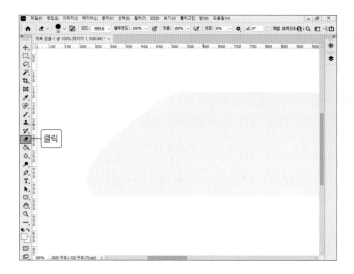

⑤ [새 레이어의 추가 🔲] 버튼을 클릭하여 [레이어 2]를 생성한 후 Alt + 클릭하여 레이어를 연결합니다.

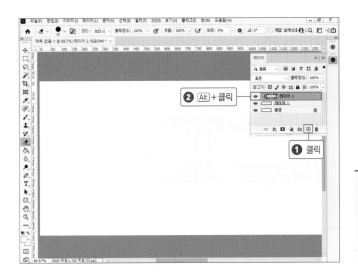

TIP Alt + 클릭을 하면 레이어를 연결할 수 있습니다. 아래에 연결되면 아래 레이어의 그려진 영역만큼 그림을 그릴 수 있습니다.

⑥ [레이어 2]에 기차에 들어갈 무늬를 꼼꼼하게 그려줍니다. [도형 그리기 도구 🔲]와 [브러시 도구 ✏]를 번갈아 사용하며 완성합니다.

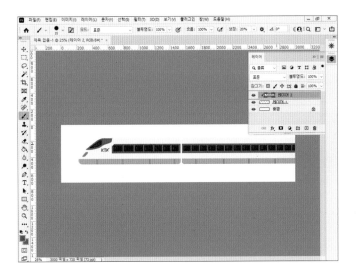

7 그림을 완성한 후에는 Ctrl + E 를 눌러 [레이어 1]과 [레이어 2]를 병합합니다.

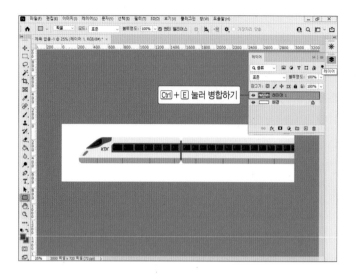

8 [배경] 레이어를 삭제한 후 [자르기 도구 퇴]를 클릭하여 레이어의 크기를 9000px로 조절합니다.

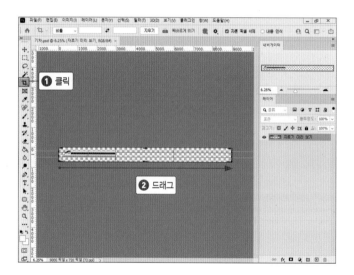

9 [지우개 도구 ⬚]를 선택한 후 기차의 맨 끝부분을 동그랗게 깎아줍니다.

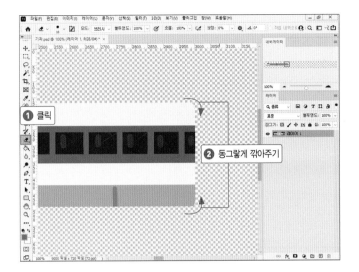

10 [사각형 선택 윤곽 도구 ⬚]를 클릭하여 기차의 연결되는 부분부터 기차의 끝부분까지를 드래그하여 선택 영역으로 만듭니다.

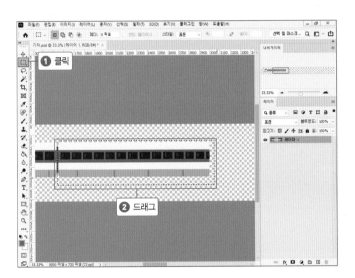

11 Alt+클릭한 후 오른쪽으로 드래그하여 레이어를 복제하고 오른쪽으로 길어지게 조절합니다. 기차의 칸 수를 늘리는 작업입니다.

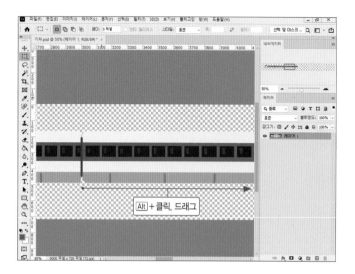

12 앞의 작업을 반복하여 기차를 길게 만듭니다.

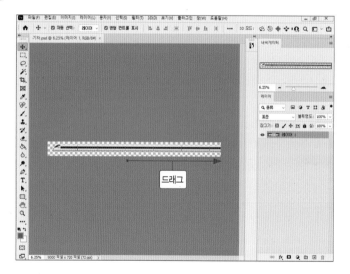

13 [다른 이름으로 저장] 창에서 '기차.psd' 파일로 저장합니다.

14 기차가 완성되었습니다.

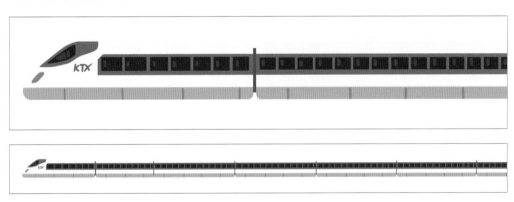

Ae

애프터 이펙트로 움직이기

◉ **예제파일**: PART2/CHAPTER7/기차.PSD, 정차하는기차.AEP
◉ **완성파일**: PART2/CHAPTER7/정차하는기차.MOV

① '기차.psd' 파일을 불러옵니다. 불러오기 옵션창에서 [가져올 파일 종류]를 '컴포지션'으로 선택하고 [레이어 옵션]을 '레이어 스타일을 푸티지로 병합'으로 선택한 뒤 [확인]을 클릭합니다. 프로젝트 패널에 [기차.psd] 파일이 들어 있는 [컴포지션]이 자동으로 생성됩니다. 생성된 '기차' 컴포지션을 더블클릭하여 엽니다.

② 포토샵에서 설정한 이미지 사이즈에 따라 컴포지션 사이즈가 가로로 길어졌으므로 컴포지션 사이즈를 변경해 주겠습니다. 먼저 생성된 [기차] 컴포지션에서 마우스 오른쪽 버튼을 클릭하고 [컴포지션 설정]을 클릭합니다.

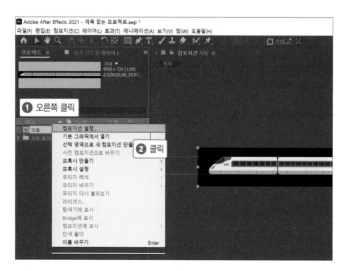

③ [컴포지션 설정] 창의 옵션들을 아래의 값을 참고하여 설정해 주고 [확인]을 클릭합니다.

- 컴포지션 이름 : 기차
- 폭 : 1280
- 높이 : 720
- 프레임 속도 : 29.97
- 지속 시간 : 0:00:30:00

④ 포토샵에서 안내선을 만들었다면 PSD 파일을 애프터 이펙트로 불러왔을 때도 안내선이 그대로 표시됩니다. 사진과 같이 안내선을 클릭한 상태에서 미리보기 화면 밖으로 클릭&드래그하면 안내선이 제거됩니다.

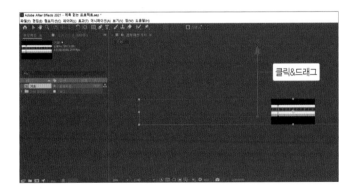

⑤ 기차가 오른쪽에서 왼쪽으로 들어오는 모습을 표현할 것이므로 기차를 오른쪽으로 옮겨주겠습니다. 먼저 미리보기 화면에서 기차를 클릭한 상태에서 미리보기 화면 오른쪽 바깥으로 Shift + 드래그합니다.

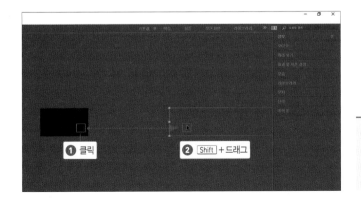

TIP 마우스 휠로 미리보기 화면을 축소하면 기차를 옮기기에 편리합니다.

⑥ [기차] 레이어인 [레이어 1]을 클릭하고 P를 눌러 [위치] 수치를 표시한 후 현재 시간 표시기를 맨 처음으로 위치시키고 [초시계 ⬮]를 클릭하여 키프레임을 생성합니다.

⑦ 현재 시간 표시기를 [10s(10초)]로 위치시킨 후 미리보기 화면 오른쪽 바깥에 있는 기차를 클릭한 상태에서 미리보기 화면에 기차의 뒷부분이 보이도록 왼쪽으로 Shift + 드래그합니다. 현재 시간 표시기가 위치한 시간에 키프레임이 자동으로 생성됩니다.

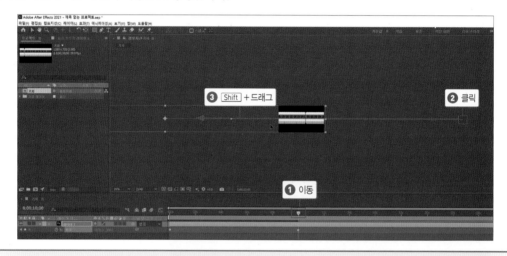

TIP 기차의 뒷부분이 잘리지 않도록 주의합니다.

⑧ 이제 기차의 움직임이 더욱 자연스럽도록 그래프를 조절하는 방법을 배워보겠습니다. [그래프 편집기 ⬛]를 클릭하고 [레이어 1]의 [위치]를 클릭합니다. 그런 다음 그래프의 [X축 위치 수치 선(빨간 선)]을 클릭한 후 [천천히 들어오기 및 나가기 ⬛]를 클릭합니다. 그래프의 [X축 위치 수치 선]이 S자 모양으로 바뀐 것을 확인할 수 있습니다.

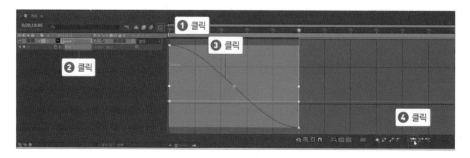

⑨ 그래프의 [X축 위치 수치 선]에서 약 3초 정도의 위치를 Ctrl을 누른 상태에서 클릭하여 키프레임을 추가합니다.

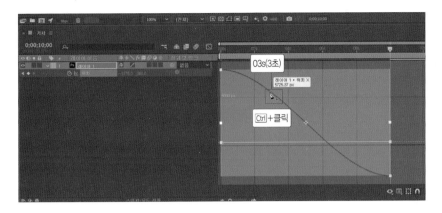

⑩ 추가한 키프레임을 클릭한 상태에서 사진을 참고하여 아래쪽으로 절반이 조금 넘는 정도로 드래그합니다.

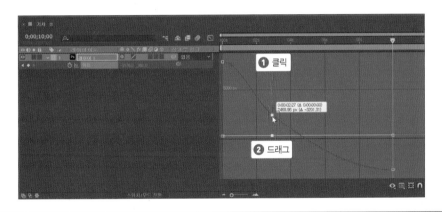

TIP 영상을 재생하여 기차의 움직임을 보고 더욱 자연스러운 움직임이 나오도록 그래프에서 추가한 키프레임의 높이를 조절하면 좋습니다.

⑪ [그래프 편집기 🖸]를 다시 클릭하면 원래의 화면으로 돌아옵니다. 이제 정차하는 기차가 완성되었습니다.

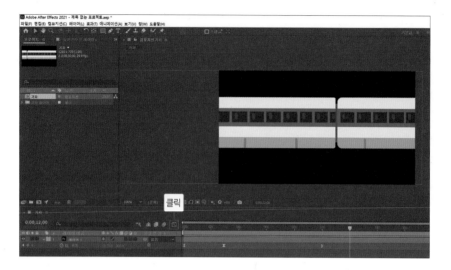

⑫ 완성된 영상을 렌더링하기 위해서 상단 메뉴 바의 [파일] – [내보내기] – [렌더링 대기열에 추가(단축키 Ctrl + M)]를 클릭하여 렌더링을 준비합니다. 기차를 제외한 배경은 투명한 상태로 출력할 것입니다. [손실 없음]을 클릭하고 형식을 [QuickTime]으로 선택하고 채널을 [RGB+알파]로 선택한 후 [확인]을 클릭합니다.

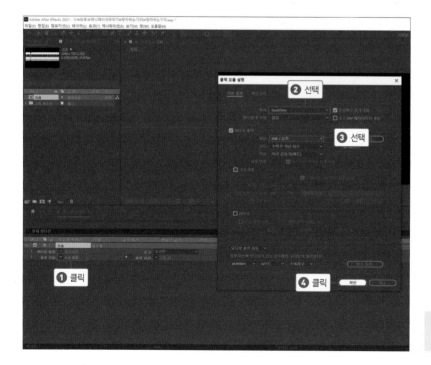

• 형식 : QuickTime
• 채널 : RGB+알파

⓭ 영상을 저장할 경로를 설정해 주기 위해 '기차.mov'를 클릭하고 원하는 저장 경로를 선택하고 파일 이름에 '정차하는 기차'를 입력한 후 [저장]을 클릭합니다. 렌더링 준비가 완료되었으면 [렌더링] 버튼을 클릭하여 렌더링을 진행합니다.

03

배경과 화면 전환
애니메이션

Chapter 1. 배경

Chapter 2. 화면 전환 애니메이션

배경

*예제 미리보기
QR코드를 핸드폰 카메라에 인식시켜주세요!

애프터 이펙트를 사용하여 단색 배경, 그러데이션 배경을 만들어 보겠습니다. 그다음 포토샵을 사용하여 일러스트 배경(기차 승강장, 기차 안, 기차 밖의 풍경) 등을 제작하고, 객체를 중심으로 움직이는 배경 예제와 넓은 배경을 이용한 카메라 무빙 예제에서 사용하도록 하겠습니다.

STEP

01

Ae

단색 배경

애프터 이펙트의 [단색 레이어]를 활용하여 단색 배경을 만드는 방법에 대해 배워보겠습니다.

◉ **예제파일**: PART3/CHAPTER1/단색 배경.AEP

---

1 애프터 이펙트를 실행하고, 상단 메뉴 바의 [컴포지션] – [새 컴포지션(단축키 Ctrl + N)]을 클릭하여 컴포지션을 만든 상태에서 상단 메뉴 바의 [레이어] – [새로 만들기] – [단색]을 클릭합니다.

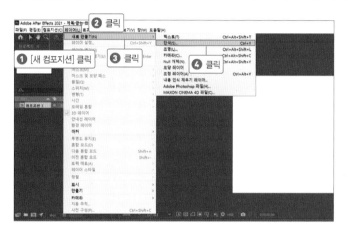

TIP 새로운 레이어를 만들 때는 반 드시 컴포지션 패널이나 타임라 인 패널이 선택된 상태에서 만들 어야 합니다. 프로젝트 패널이나 패널 모음 탭이 선택된 상태에서 는 새로운 레이어 만들기가 비활 성화됩니다.

TIP 컴포지션 설정은 생략합니다.

2 [단색 설정] 창에서 색상 박스를 클릭하여 [단색 색상 피커] 창을 띄우고 원하는 색상을 클릭&드래그 하여 선택한 후 [확인]을 클릭합니다.

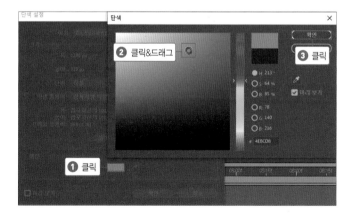

③ [단색 설정] 창에서 원하는 단색 레이어의 이름을 입력한 후 [확인]을 클릭하면 타임라인 패널에 단색
레이어가 생성되며 단색 배경이 완성됩니다.

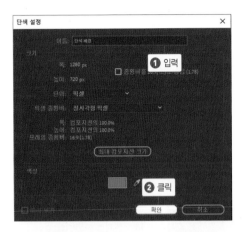

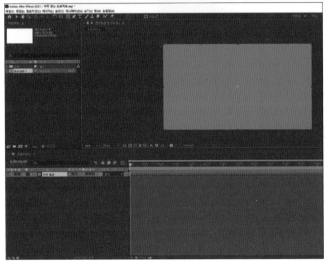

STEP 02

Ae

그러데이션 배경

애프터 이펙트의 [단색 레이어]와 [마스크]를 활용하여 그러데이션 배경을 만들어 보겠습니다.

● **예제파일**: PART3/CHAPTER1/그라데이션 배경.AEP

① 애프터 이펙트를 실행하고, 상단 메뉴 바의 [컴포지션] – [새 컴포지션(단축키 Ctrl + N)]을 클릭하여 컴포지션을 만든 상태에서 상단 메뉴 바의 [레이어] – [새로 만들기] – [단색]을 클릭합니다. [단색 설정] 창에서 원하는 색상을 선택하고 원하는 단색 레이어의 이름을 입력한 후 [확인]을 클릭하여 단색 레이어를 만들어 줍니다. 레이어의 이름은 '단색 배경'으로 설정했습니다.

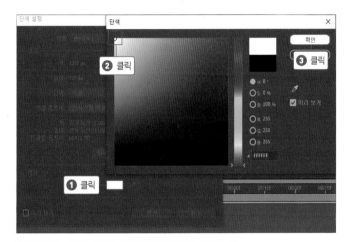

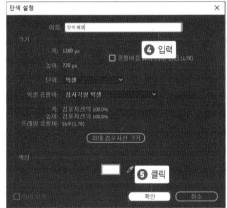

TIP 단색 색상은 자유롭게 설정해도 좋습니다. 예제에서는 '흰색'으로 설정했습니다.

② 앞서 만들었던 [단색 배경] 레이어가 있는 상태에서 다시 상단 메뉴 바의 [레이어]-[새로 만들기]-[단색]을 클릭합니다. [단색 설정] 창에서 원하는 단색 레이어의 이름을 입력한 후 [확인]을 클릭하여 단색 레이어를 만듭니다. 레이어의 이름은 [그라데이션]으로 설정했습니다.

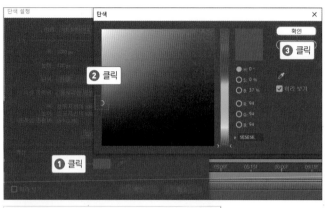

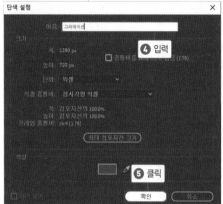

TIP 단색 색상은 자유롭게 설정하되, 그러데이션을 표현하기 위해 [그라데이션] 단색 레이어의 색상은 앞서 만들었던 [단색 배경] 레이어와 다른 색상으로 설정합니다. 예제에서는 '어두운 회색'으로 설정했습니다.

③ 도구 패널에서 [사각형 도구 ■]를 클릭하면 나타나는 메뉴에서 [타원 도구]를 클릭합니다.

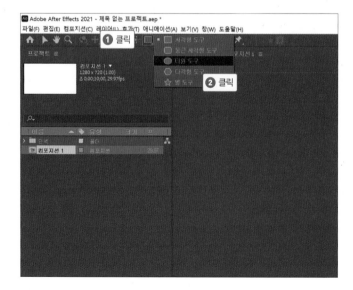

④ [그라데이션] 레이어가 선택된 상태에서 미리보기 화면 한가운데를 클릭하고 Ctrl을 누른 상태로 드래그하여 사진과 같이 타원을 만듭니다. [그라데이션] 레이어에 [마스크]가 생성됩니다.

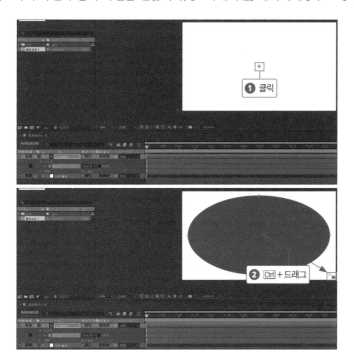

⑤ [마스크 1]의 ❶을 클릭하여 마스크 옵션을 펼치고, ❷ [반전됨]을 체크한 후 마스크 페더 값에 '400'을 입력합니다. 이제 그러데이션 배경이 완성되었습니다.

TIP 페더 값은 자유롭게 조절해도 좋습니다. 페더 값을 높일수록 마스크의 경계면이 부드럽게 그러데이션됩니다.

6 [그라데이션] 레이어가 선택된 상태에서 상단 메뉴바의 [레이어]–[단색 설정]을 클릭하여 [단색 설정] 창을 열어 그러데이션 색을 변경할 수도 있습니다.

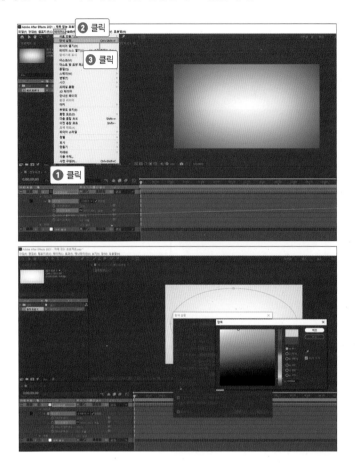

일러스트 배경

하나의 레이어에 그림을 모두 완성하는 방법을 알아보겠습니다.

◉ **완성파일**: PART3/CHAPTER1/들판.PSD, 기차승강장.PSD, 기차안.PSD, 구름배경.PSD, 중간 나무.PSD

1. 들판

① 하나의 레이어에 그림을 모두 완성하는 예제입니다. 2000px×720px 사이즈의 흰 배경을 만듭니다.

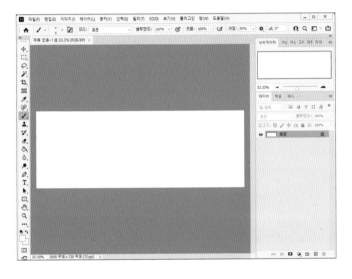

② [색상 피커 ▦]를 클릭한 후 녹색 색상값 #62976e를 입력하여 진한 녹색을 선택하고 [브러시 도구 ✎]로 들판을 그려줍니다. [페인트 통 도구 ▧]를 선택하고 들판 안쪽을 클릭하여 채색합니다.

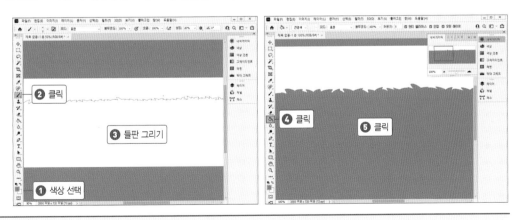

> **TIP** 선이 끊어져 있으면 색이 삐져나올 수 있으므로 선을 모두 깔끔하게 이어서 그려줍니다.

③ [색상 피커 ▦]를 클릭한 후 #cdeee1 색상값을 입력합니다. [페인트 통 도구 ◈]를 선택하고 하늘 배경 부분을 클릭합니다. 하늘색 배경이 추가되었습니다.

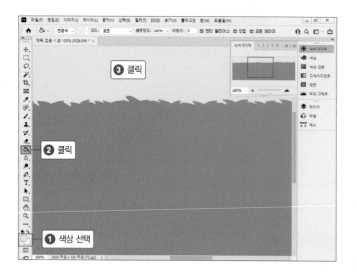

④ [색상 피커 ▦]를 클릭하고 흰색을 선택한 후 흰구름을 하늘에 자유롭게 그려줍니다.

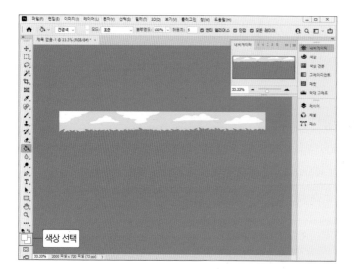

⑤ 아래의 색상을 선택한 후 들판 위의 풀들을 간단하게 그려줍니다.

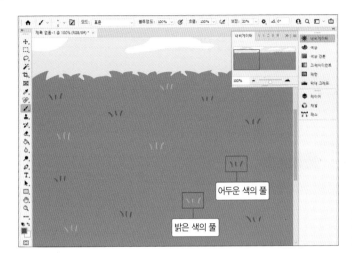

어두운 색의 풀

밝은 색의 풀

- 어두운 색의 풀 : #3c6b47
- 밝은 색의 풀 : #7dc18c

⑥ 들판 그림이 완성되었습니다. [파일] – [다른 이름으로 저장]을 클릭한 후 '들판.psd'라는 이름으로 파일을 저장합니다.

2. 기차 승강장

① 기차 승강장 하단을 만들어 보겠습니다. 1280px×720px의 흰 배경을 만듭니다.

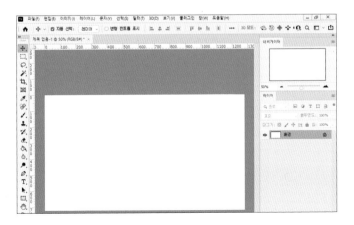

2 [새 레이어의 추가 ▣] 버튼을 클릭하여 [레이어 1]을 생성합니다. '기차.psd' 파일을 불러와 기차 파일을 복사(Ctrl + C), 붙여넣기(Ctrl + V)한 후 크기를 잡고 가이드 격자를 만듭니다.

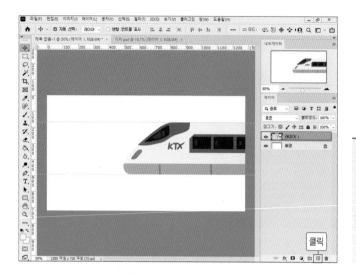

TIP **가이드 격자 만들기**
1 Ctrl + R을 눌러 줄자를 활성화시킵니다.
2 가이드가 있어야 하는 위치를 파악하고, 줄자를 클릭한 상태에서 아래로 쭉 드래그해 줍니다.

3 [새 레이어의 추가 ▣] 버튼을 클릭하여 [레이어 2]를 생성합니다. 기차 승강장의 바닥 부분과 회색 철재 부분을 [도형 그리기 도구 ▣]를 사용하여 그려줍니다.

④ [자르기 도구 ⬚]를 클릭한 후 오른쪽으로 클릭&드래그하여 9000px까지 사이즈를 늘여줍니다.

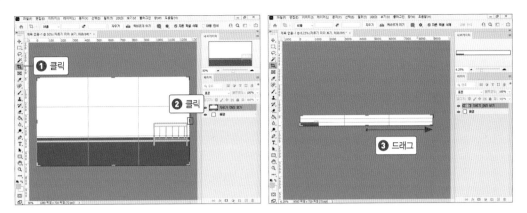

⑤ [이동 도구 ✛]를 클릭한 후 화면을 클릭합니다. Alt 를 누른 상태에서 오른쪽으로 드래그합니다. 레이어의 오른쪽 끝에 닿을 때까지 계속 복제하면 길쭉한 승강장 바닥이 완성됩니다.

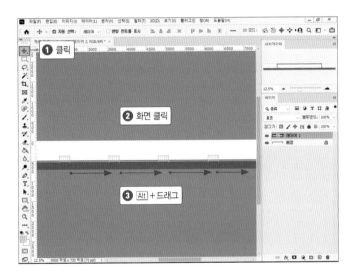

⑥ 이제 역의 배경 부분을 제작해 보겠습니다. [새 레이어의 추가 ▣] 버튼을 클릭하여 [레이어 3]을 생성합니다. [색상 피커 ▦]를 클릭하여 어두운 하늘색을 선택하고 [페인트 통 도구 ▨]를 사용하여 칠해줍니다.

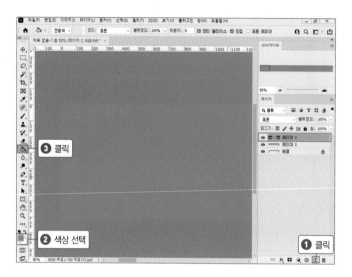

⑦ [새 레이어의 추가 ▣] 버튼을 클릭하여 [레이어 4]를 추가합니다. [도형 그리기 도구 ▣]를 선택하여 둥근 모양의 사각형을 3개 만든 후 산과 구름 등의 배경을 자유롭게 그려줍니다.

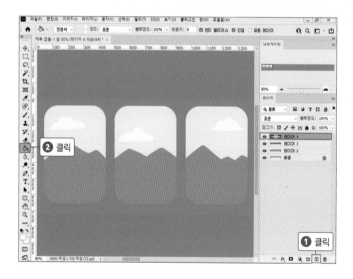

8 Alt 를 누른 상태에서 오른쪽으로 드래그하여 배경을 복제합니다.

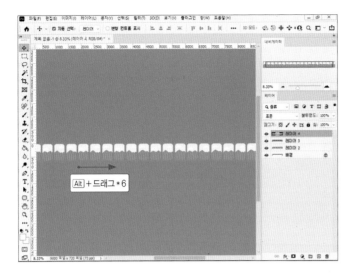

9 Ctrl + E 를 눌러서 [레이어 3]과 [레이어 4]를 병합합니다.

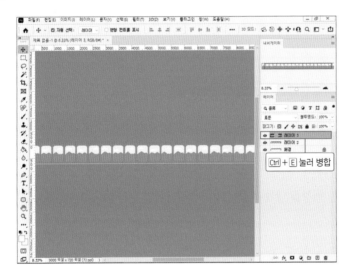

⑩ 레이어를 정리해 주겠습니다. [배경] 레이어를 삭제한 후 배경이 되는 [레이어 3]을 가장 아래에 배치합니다.

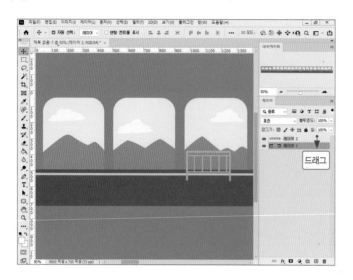

⑪ [파일]-[다른 이름으로 저장]을 클릭한 후 '기차승강장.psd' 파일을 저장합니다. 가로로 길쭉한 기차승강장 이미지가 완성되었습니다.

3. 기차안

① 가로 '1280px', 세로 '720px'의 흰 배경을 만들어 줍니다. [새 레이어의 추가 回] 버튼을 클릭하여 [레이어 1]을 생성합니다.

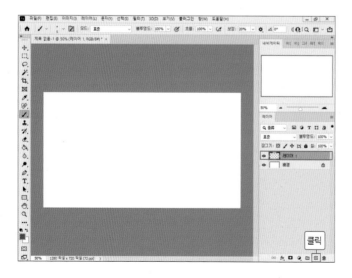

② [색상 피커 ▦]를 클릭한 후 색상값 #f3f3f3을 입력합니다. [페인트 통 도구 ◙]를 선택한 후 화면에 클릭하여 연한 회색을 칠해줍니다.

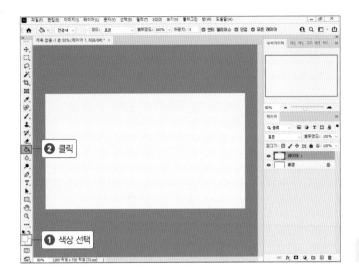

- 배경색 : 연한 회색 #f3f3f3

③ 조금 더 어두운 색을 하단에 넣어주도록 하겠습니다. [색상 피커 ▦]에서 조금 더 어두운 색상인 #dfdfdf를 선택하고 [도형 도구 ▭]에서 마우스 오른쪽 버튼을 클릭한 후 [사각형 도구]를 클릭합니다.

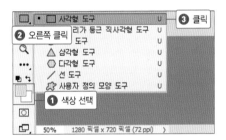

④ 하단에 길쭉한 사각형을 드래그합니다. 이것은 기차 안의 바닥을 그리는 과정입니다.

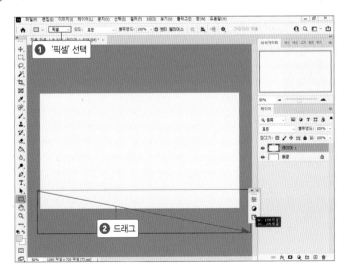

⑤ 이제 창문을 만들어 주겠습니다. [색상 피커 ▦]에서 색상값으로 #959595를 선택하고 [도형 도구 ▢] 에서 마우스 오른쪽 버튼을 클릭한 후 [모서리가 둥근 직사각형 도구]를 클릭합니다.

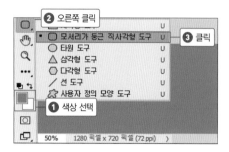

⑥ 넓고 커다란 창문을 드래그하여 만듭니다. 사각형 선의 속성은 [모양]을 선택하고 둥글기 값은 10픽셀 로 입력합니다.

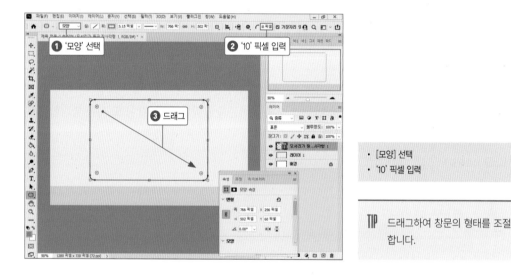

· [모양] 선택
· '10' 픽셀 입력

TIP 드래그하여 창문의 형태를 조절 합니다.

⑦ 이제 기차 내부의 직선을 그려주겠습니다. [색상 피커 ▦]를 클릭한 후 #959595값을 입력합니다. [도 형 도구 ▢]에서 마우스 오른쪽 버튼을 클릭한 후 [선 도구]를 클릭합니다.

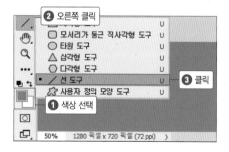

⑧ 창문 옆에 두 개의 선을 드래그하여 그려줍니다. 선을 그릴 때 Shift 를 누른 상태로 드래그해 주면 깔끔한 선이 그려집니다.

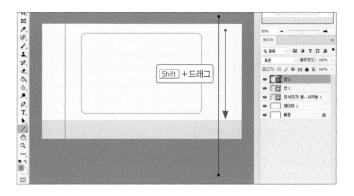

⑨ 이제 기차 내부의 파인 부분을 그려주겠습니다. [색상 피커 🎨]를 클릭한 후 #959595값을 입력합니다. [도형 도구 ▢]에서 마우스 오른쪽 버튼을 클릭한 후 [모서리가 둥근 직사각형 도구]를 클릭합니다.

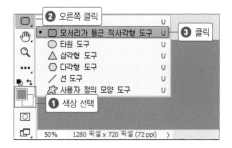

⑩ [새 레이어의 추가 ▢] 버튼을 클릭하여 [레이어 2]를 생성합니다. 도구 레이어의 형태를 '픽셀'로 선택한 후 왼쪽에 파인 부분을 드래그하여 그려줍니다.

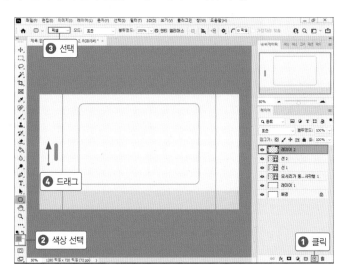

⑪ Ctrl + J 를 눌러 레이어를 복제합니다. Shift 를 누른 상태로 드래그하면 동일한 파인 부분이 오른쪽
으로 이동됩니다.

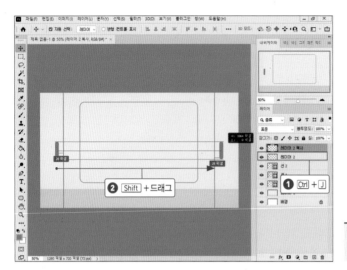

TIP 레이어 복제 단축키 - Ctrl + J

⑫ 이제 창문을 뚫어주겠습니다. 배경 레이어인 [레이어 1]을 클릭합니다.

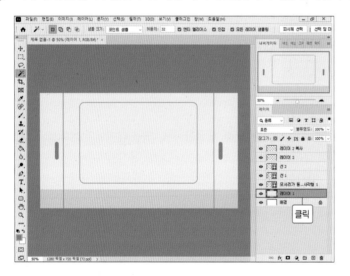

⓭ [자동 선택 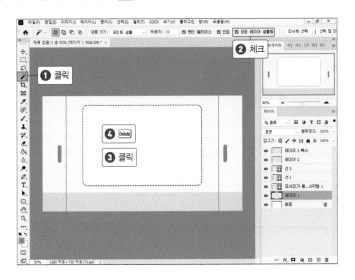] 도구를 클릭한 후 창문 부분을 클릭합니다. 이때 선택 모드가 '모든 레이어 샘플링'이 체크되어 있어야 합니다. Delete 를 눌러 선택된 창문 부분을 삭제합니다. 창문이 시원하게 뚫립니다.

⓮ [배경] 레이어를 제외한 모든 레이어를 합쳐주겠습니다. Shift 를 누른 상태에서 [레이어 2 복사], [레이어 2], [선 2], [선 1], [모서리가 둥근 사각형 1], [레이어 1] 레이어를 클릭합니다. 마우스 오른쪽 버튼을 클릭한 후 [레이어 병합]을 클릭합니다.

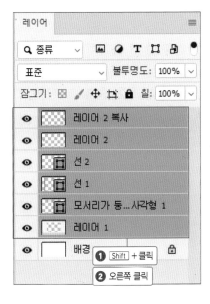
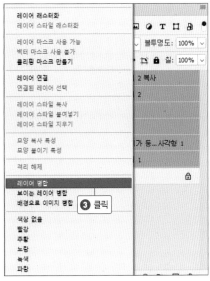

15 레이어가 모두 병합되었습니다. 이제 [배경] 레이어를 클릭하여 배경 이미지를 삭제합니다.

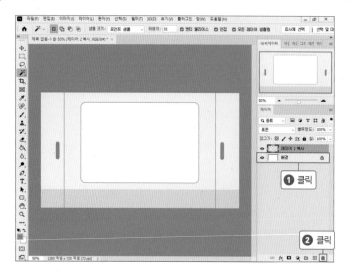

❶ 클릭

❷ 클릭

16 기차 안 배경이 완성되었습니다. 레이어 이름을 변경한 후 '기차안.psd' 파일로 저장합니다.

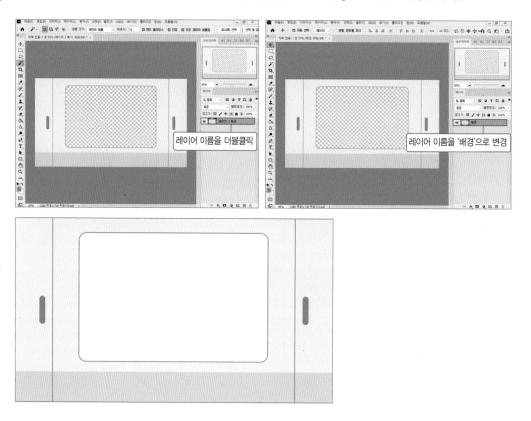

레이어 이름을 더블클릭

레이어 이름을 '배경'으로 변경

4. 산과 구름과 나무가 있는 풍경

1 먼저 산과 하늘을 만들어 보겠습니다. 3000px×720px 사이즈의 흰 캔버스를 만듭니다.

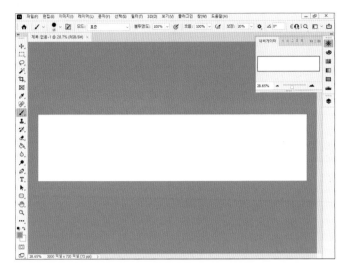

2 [페인트 통 도구]를 클릭한 후 [색상 피커]를 클릭하여 밝은 하늘색을 선택한 다음 채색해 줍니다.

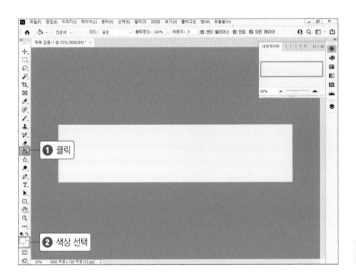

- 하늘 색상 : #daf1ee

❸ 흰색을 선택한 후 [브러시 도구 ✐]로 구름을 그려줍니다. 살짝 어두운 하늘색을 선택하여 멀리 있는 산을 그려줍니다. 채색은 [페인트 통 도구 ⬧]를 사용하면 편리합니다.

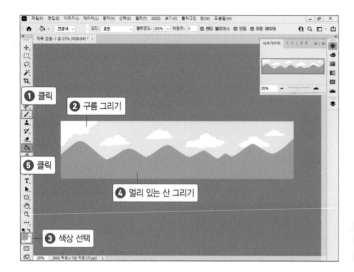

• 구름 색 : #ffffff
• 멀리 있는 산 색 : #a1bab7

❹ 조금 더 밝은 색을 선택한 후 조금 더 가까이 있는 산을 그려줍니다.

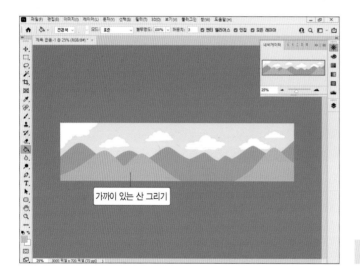

• 가까이 있는 산 색 : #b9d0cd

❺ 다음과 같이 그림이 완성되었습니다. '구름배경.psd' 파일로 저장합니다.

6 나무를 그려보겠습니다. 9000px×720px의 흰 캔버스를 만듭니다.

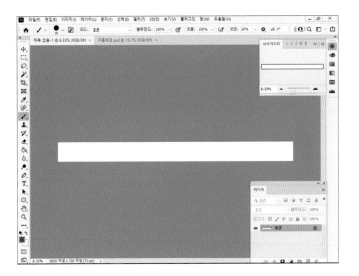

7 [레이어 1]을 추가한 후 녹색을 선택하여 풀밭을 그려줍니다.

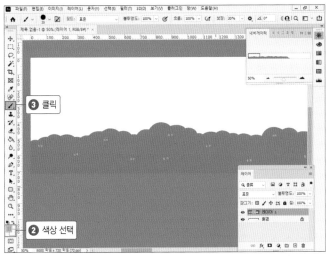

• 풀색 : #689154
• 밝은 풀색 : #91ba7d

8 [레이어 2]를 추가하여 나무를 그려줍니다.

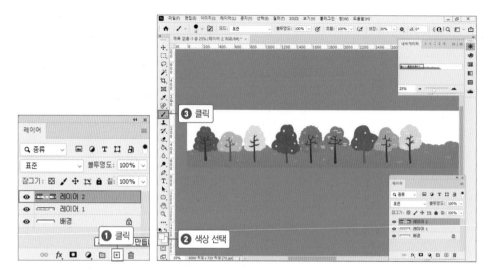

9 나무를 중간까지 그린 후 Ctrl + J 를 눌러서 [레이어 2]를 복제합니다.

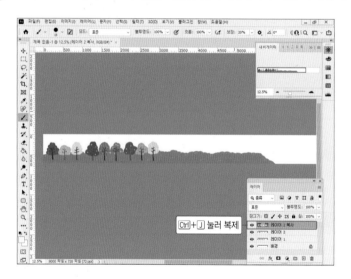

⓾ [레이어 2 복사] 레이어를 클릭한 후 [이동 도구 ⊕]를 선택하고, 화면의 나무를 드래그하여 옆쪽으로
옮겨줍니다.

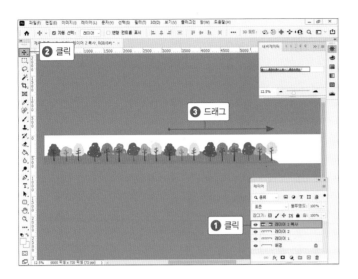

⓫ 복제된 나무의 색감을 다르게 해주기 위해 [Ctrl] + [U]를 눌러서 색조(H)의 값을 높여줍니다.

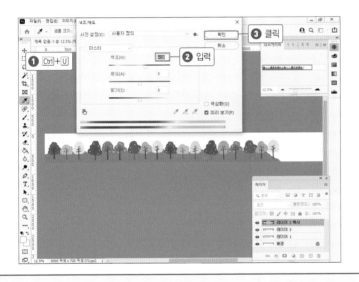

TIP 색감 조정 단축키 - [Ctrl] + [U]

⑫ Ctrl + E 를 눌러 [배경] 레이어를 제외한 레이어를 모두 병합합니다.

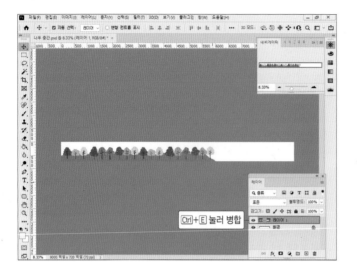

⑬ [이동 도구 ⊕]를 선택한 상태에서 Alt 를 누르고 오른쪽으로 드래그하면 앞서 그린 그림이 복제됩니다.

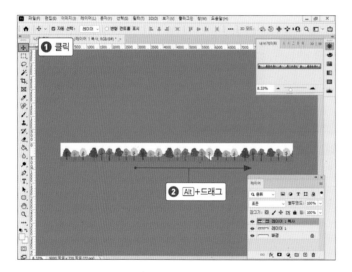

⓮ Ctrl + E를 눌러 [레이어 1]과 [레이어 1 복사] 레이어를 하나로 병합한 후 [배경] 레이어를 삭제합니다.

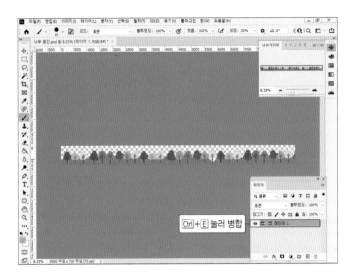

⓯ 다음과 같이 그림이 완성되었습니다. '중간나무.psd' 파일로 이미지를 저장합니다.

STEP 04

Ae

객체를 중심으로 움직이는 배경

지난 예제에서 만들었던 예제를 불러와 객체를 중심으로 움직이는 배경을 만들어보도록 하겠습니다.

1. 기차역으로 걸어가는 소녀

◉ **예제파일**: PART2/CHAPTER5/걸어가는소녀_제자리.MOV, PART2/CHAPTER7/정차하는기차.MOV, PART3/CHAPTER1/기차역으로 걸어가는 소녀.AEP

◉ **완성파일**: PART3/CHAPTER1/기차역으로 걸어가는 소녀.MOV

1 애프터 이펙트를 실행하고, 앞에서 렌더링한 [걸어가는소녀_제자리], [정차하는기차] 영상 파일을 애프터 이펙트의 프로젝트 패널로 클릭&드래그하여 불러옵니다.

2 이제 '기차승강장.psd' 파일을 애프터 이펙트의 프로젝트 패널로 클릭&드래그하여 불러옵니다. 불러오기 옵션창에서 [가져올 파일 종류]를 '컴포지션'으로 선택하고 [레이어 옵션]을 '레이어 스타일을 푸티지로 병합'으로 선택한 뒤 [확인]을 클릭합니다. 프로젝트 패널에 '기차승강장.psd' 파일이 들어 있는 [컴포지션]이 자동으로 생성됩니다. 생성된 '기차 승강장' 컴포지션을 더블클릭하여 엽니다.

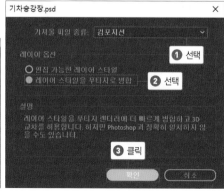

❸ 포토샵에서 설정한 이미지 사이즈에 따라 컴포지션 사이즈가 가로로 길어졌으므로 컴포지션 사이즈를 변경해 주겠습니다. 먼저 생성된 '기차승강장' 컴포지션을 마우스 오른쪽 버튼을 클릭한 후 [컴포지션 설정]을 클릭합니다.

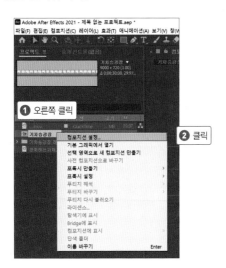

❹ [컴포지션 설정] 창의 옵션들을 아래의 값을 참고하여 설정해 주고 [확인]을 클릭합니다.

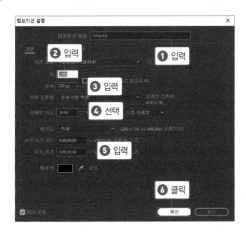

- 컴포지션 이름 : 기차승강장
- 폭 : 1280
- 높이 : 720
- 프레임 속도 : 29.97
- 지속시간 : 0:00:30:00

TIP 포토샵에서 안내선을 만들었다면 PSD 파일을 애프터 이펙트로 불러왔을 때도 안내선이 그대로 표시됩니다. 안내선은 렌더링되지 않으므로 그대로 두어도 괜찮지만 안내선이 작업에 방해가 된다면 안내선을 미리보기 화면 밖으로 클릭&드래그하여 제거할 수 있습니다.

⑤ 프로젝트 패널의 [걸어가는소녀_제자리] 영상 파일을 타임라인 패널의 레이어들 맨위로 클릭&드래그하여 불러옵니다. 같은 방법으로 [정차하는기차] 영상 파일을 타임라인 패널에 있는 두 배경 레이어 사이로 불러옵니다.

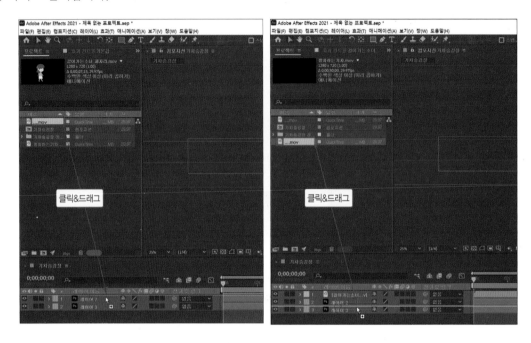

⑥ 이제 배경을 움직여 보겠습니다. 먼저 타임라인 패널에서 두 개의 배경 레이어를 Ctrl + 클릭하여 모두 선택한 후 미리보기 화면의 배경을 클릭한 상태에서 오른쪽으로 Shift + 드래그하여 전체 배경에서 왼쪽 부분이 미리보기 화면에 보이도록 해줍니다. 현재 시간 표시기가 맨 처음에 있는 상태에서 [초시계 🕐]를 클릭하여 키프레임을 생성합니다.

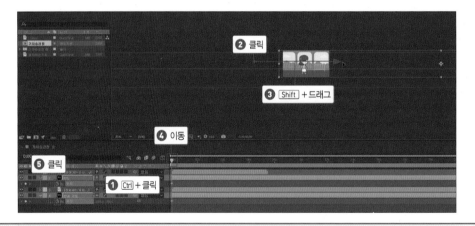

TIP 작업에 편리하도록 배경 레이어의 이름을 바꿔주면 좋습니다. 예제에서는 [보도]와 [산과 기동]으로 변경해 주었습니다.

⑦ [걸어가는소녀] 레이어가 끝나기 1프레임 전으로 현재 시간 표시기를 위치시키고 [보도] 레이어를 선택한 후 미리보기 화면에서 배경을 클릭한 상태에서 왼쪽으로 Shift + 드래그하여 전체 배경 길이에서 3분의 1 정도의 위치가 미리보기 화면에 보이도록 해줍니다. 그러면 현재 시간표시기가 위치한 시간에 키 프레임이 생성됩니다.

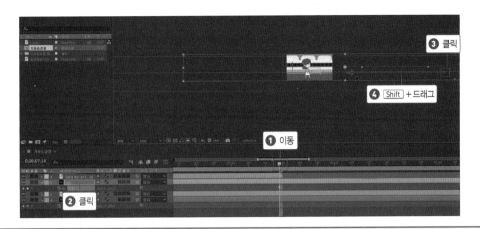

TIP 상황에 따라 시간 탐색기의 간격을 조절하면 작업이 편합니다.

TIP 배경을 움직이는 정도는 원하는 만큼 자유롭게 설정해도 좋습니다. 대신 소녀의 걸음걸이 속도와 배경이 움직이는 속도가 자연스럽도록 설정합니다.

⑧ 가까이에 있는 [보도] 배경보다 멀리 있는 [산과 기둥] 배경이 훨씬 느린 속도로 움직여야 자연스럽기 때문에 같은 방법으로 [걸어가는소녀] 레이어가 끝나기 1프레임 전으로 현재 시간 표시기를 위치시킵니다. [산과 기둥] 레이어를 선택한 후 미리보기 화면에서 배경을 클릭 유지하고 Shift 를 누른 상태에서 [보도] 배경을 움직였던 것의 5분의 1 정도로만 왼쪽으로 드래그하여 이동합니다. 그러면 현재 시간 표시기가 위치한 시간에 키프레임이 생성됩니다.

9 이제 걸어가는 소녀를 기차, 배경과 비교하여 자연스럽게 어울리도록 크기를 줄여보겠습니다. 먼저 [걸어가는소녀] 레이어를 선택하고 미리보기 화면에서 사진과 같이 레이어의 모서리 부분의 점을 클릭한 상태에서 안쪽으로 Shift + 드래그하여 크기를 줄입니다.

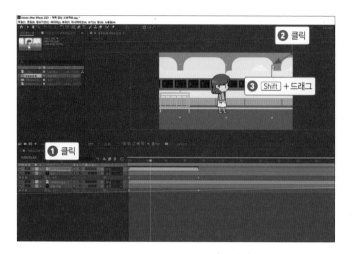

10 미리보기 화면에서 선택된 소녀를 클릭한 상태에서 Shift + 드래그하여 자연스러운 위치에 있도록 해줍니다.

> **TIP** 레이어를 클릭하고 S를 눌러 표시되는 [비율] 수치를 조절하는 방법으로도 크기를 줄일 수 있습니다.

⓫ 타임라인 패널에서 [정차하는기차] 레이어를 클릭한 상태에서 왼쪽으로 드래그하여 기차가 들어오는 시간을 조절할 수도 있습니다.

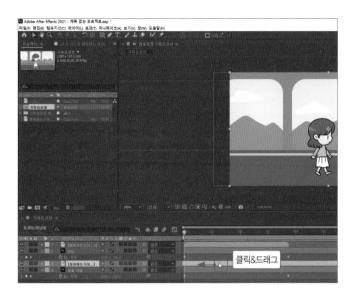

⓬ 이제 걸어가는 소녀의 영상이 끝나는 시간에 맞춰 작업 영역을 조절해 보겠습니다. '작업 영역 종료 점'을 클릭한 상태에서 [걸어가는소녀] 레이어가 끝나는 시간으로 드래그하여 사진과 같이 작업 영역을 축소합니다. 이제 기차 승강장으로 걸어가는 소녀가 완성되었습니다.

⓭ 완성된 영상을 렌더링하기 위해서 상단 메뉴 바의 [파일] – [내보내기] – [렌더링 대기열에 추가(단축키 Ctrl + M)]를 클릭하여 렌더링을 준비합니다. [손실 없음]을 클릭하고 형식을 [QuickTime]으로 선택하고 채널을 [RGB]로 선택한 후 [확인]을 클릭합니다.

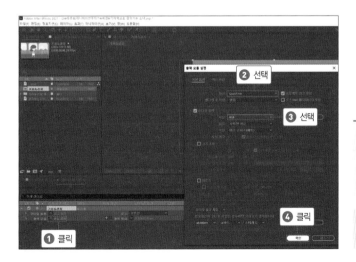

TIP 배경이 포함된 영상이므로 반드시 채널을 [RGB]로 선택해 줍니다.

- 형식 : QuickTime
- 채널 : RGB

⑭ 영상을 저장할 경로를 설정해 주기 위해 '기차승강장.mov'를 클릭하고 원하는 저장 경로를 선택하고 파일 이름을 '기차역으로 걸어가는 소녀'로 입력한 후 [저장]을 클릭합니다. 렌더링 준비가 완료되었으면 [렌더링] 버튼을 클릭하여 렌더링을 진행합니다.

2. 달리는 기차의 창밖으로 보이는 풍경

◉ **예제파일**: PART2/CHAPTER6/대화하는자매.MOV, PART3/CHAPTER1/달리는 기차의 창밖으로 보이는 풍경.AEP, 기차안.PSD, 구름배경.PSD, 중간 나무.PSD

◉ **완성파일**: PART3/CHAPTER1/달리는 기차의 창밖으로 보이는 풍경.MOV

① 애프터 이펙트를 실행하고, 앞에서 렌더링한 '대화하는자매.MOV' 영상 파일을 프로젝트 패널로 클릭&드래그하여 불러옵니다.

② '기차안.psd' 파일을 애프터 이펙트의 프로젝트 패널로 클릭&드래그하여 불러옵니다. [불러오기] 옵션창에서 [가져올 파일 종류]를 '컴포지션'으로 선택하고 [레이어 옵션]을 '레이어 스타일을 푸티지로 병합'으로 선택한 뒤 [확인]을 클릭합니다. 프로젝트 패널에 '기차안.psd'가 들어 있는 [컴포지션]이 자동으로 생성됩니다.

TIP 컴포지션 설정 부분은 생략합니다. PART 2-Chapter 1-STEP 2의 ⑤, ⑥을 참고하여 설정합니다.

③ 포토샵에서 그린 [산과 구름과 나무가 있는 풍경.PSD] 파일도 불러옵니다. 예제에서는 [산과 구름 배경(구름배경)], [나무 배경(중간 나무)]으로 나눠서 그렸기 때문에 두 개의 PSD 파일을 모두 불러왔습니다. [나무 배경(중간 나무)] 배경을 불러왔을 때 나오는 [불러오기 옵션]에서는 [가져올 파일 종류]를 '푸티지'로 선택하고 '레이어 옵션'을 '병합된 레이어'로 선택한 뒤 [확인]을 클릭합니다.

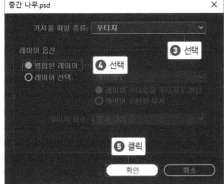

④ 프로젝트 패널에 생성된 '기차안' 컴포지션을 더블클릭하여 엽니다.

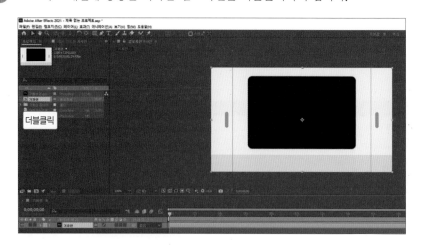

⑤ 프로젝트 패널에서 '나무 배경(중간 나무).PSD' 파일을 타임라인 패널의 [기차안] 레이어 아래쪽으로 클릭&드래그하여 불러옵니다. 같은 방법으로 '산과 구름 배경(구름배경).PSD' 파일을 모든 레이어의 맨 아래쪽으로 불러옵니다. 마찬가지로 [대화하는자매] 영상 파일을 모든 레이어의 맨 위로 불러옵니다.

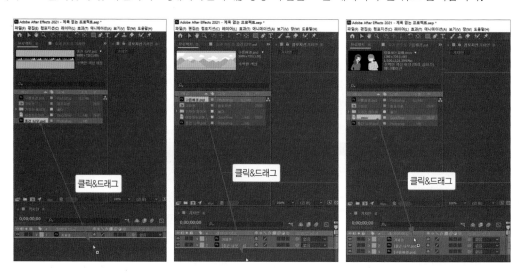

6 이제 배경을 움직여 보겠습니다. 타임라인 패널에서 [나무 배경(중간 나무)] 레이어를 선택한 후 미리보기 화면의 배경을 클릭한 상태에서 오른쪽으로 Shift + 드래그하여 전체 배경에서 왼쪽 부분이 미리보기 화면에 보이도록 해줍니다. 현재 시간 표시기가 맨 처음에 있는 상태에서 [초시계 ⊙]를 클릭하여 키프레임을 생성합니다.

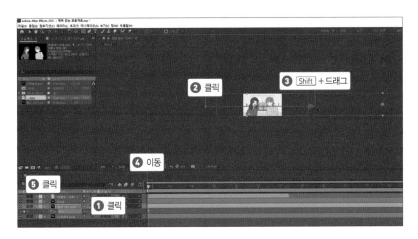

7 [대화하는자매] 레이어가 끝나기 1프레임 전으로 현재 시간 표시기를 위치시킵니다. [나무 배경(중간 나무)] 레이어를 선택한 후 미리보기 화면에서 배경을 클릭한 상태에서 왼쪽으로 Shift + 드래그하여 전체 배경에서 오른쪽 부분이 미리보기 화면에 보이도록 해줍니다. 그러면 현재 시간 표시기가 위치한 시간에 키프레임이 생성됩니다.

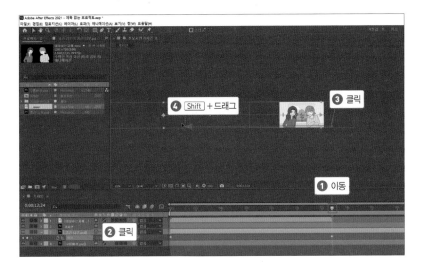

⑧ 이제 [산과 구름 배경(구름배경)] 레이어를 선택한 후 미리보기 화면의 배경을 클릭한 상태에서 오른쪽으로 Shift + 드래그하여 전체 배경에서 왼쪽 부분이 미리보기 화면에 보이도록 해줍니다. 현재 시간 표시기가 맨 처음에 있는 상태에서 [초시계 ⓞ]를 클릭하여 키프레임을 생성합니다.

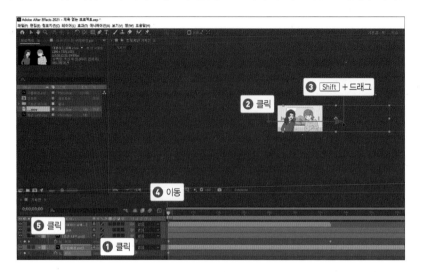

⑨ [대화하는자매] 레이어가 끝나기 1프레임 전으로 현재 시간 표시기를 위치시킵니다. [산과 구름 배경 (구름배경)] 레이어를 선택한 후 미리보기 화면에서 배경을 클릭한 상태에서 약간 왼쪽으로 Shift + 드래 그합니다. 그러면 현재 시간 표시기가 위치한 시간에 키프레임이 생성됩니다.

TIP 앞에 있는 나무보다 멀리 있는 산과 구름이 훨씬 천천히 움직여야 자연스럽기 때문에 영상을 재생해 보면서 산과 구름 배경의 움직임을 자유롭게 조절합니다.

⑩ 이제 대화하는 자매의 영상이 끝나는 시간에 맞춰 작업 영역을 조절해 보겠습니다. '작업 영역 종료점'을 클릭한 상태에서 [대화하는자매] 레이어가 끝나는 시간으로 드래그하여 사진과 같이 작업 영역을 축소합니다. 이제 달리는 기차의 창밖으로 보이는 풍경이 완성되었습니다.

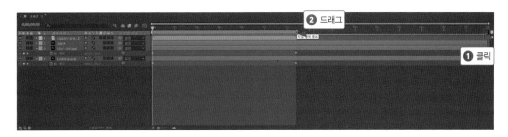

⑪ 완성된 영상을 렌더링하기 위해서 상단 메뉴 바의 [파일] – [내보내기] – [렌더링 대기열에 추가(단축키 Ctrl + M)]를 클릭하여 렌더링을 준비합니다. [손실 없음]을 클릭하고 형식을 [QuickTime]으로 선택하고 채널을 [RGB]로 선택한 후 [확인]을 클릭합니다.

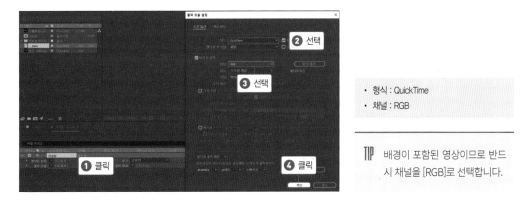

- 형식 : QuickTime
- 채널 : RGB

TIP 배경이 포함된 영상이므로 반드시 채널을 [RGB]로 선택합니다.

⑫ 영상을 저장할 경로를 설정해 주기 위해 '기차안.mov'를 클릭하고 원하는 저장 경로를 선택하고 파일 이름을 입력한 후 [저장]을 클릭합니다. 렌더링 준비가 완료되었으면 [렌더링] 버튼을 클릭하여 렌더링을 진행합니다.

STEP
05

Ae

넓은 배경을 이용한 카메라 무빙

● **예제파일**: PART2/CHAPTER1/말랑말랑젤리.MOV, PART2/CHAPTER2/먹이를쪼아
먹는비둘기.MOV, PART2/CHAPTER3/메롱하는강아지.MOV, PART3/CHAPTER1/들
판.PSD, 들판 위에 있는 젤리와 비둘기와 강아지.AEP
● **완성파일**: PART3/CHAPTER1/들판 위에 있는 젤리와 비둘기와 강아지.MOV

1. 들판 위에 있는 젤리와 비둘기와 강아지

① 애프터 이펙트를 실행하고 '들판.PSD'와 앞에서 렌더링한 '말랑말랑젤리.MOV', '먹이를 쪼아먹는 비
둘기.MOV', '메롱하는강아지.MOV' 영상 파일을 애프터 이펙트의 프로젝트 패널로 클릭&드래그하여 불
러옵니다. 자동으로 생성된 컴포지션이 없으므로 작업에 앞서 컴포지션을 만들어 보겠습니다. 상단 메뉴
바의 [컴포지션]-[새 컴포지션(단축키 Ctrl + N)]을 클릭한 후 [컴포지션 설정] 창의 옵션들을 아래의 값
을 참고하여 설정해 주고 [확인]을 클릭합니다.

- 컴포지션 이름 : 들판 위에 있는 젤리와
  비둘기와 강아지
- 폭 : 1280
- 높이 : 720
- 프레임 속도 : 29.97
- 지속 시간 : 0;00;15;00

② 프로젝트 패널에서 [말랑말랑젤리], [먹이를쪼아먹는비둘기], [메롱하는강아지] 영상 파일을 타임라인 패널로 클릭&드래그하여 불러옵니다. 같은 방법으로 '들판.PSD' 파일을 모든 레이어의 가장 아래쪽으로 불러옵니다.

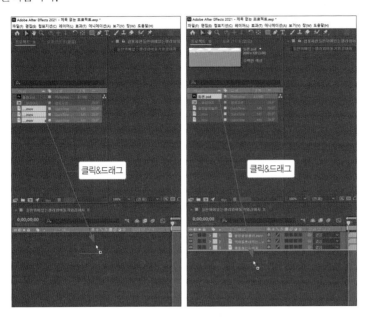

③ 가장 먼저 젤리가 등장할 것이므로 [먹이를 쪼아먹는 비둘기] 레이어와 [메롱하는강아지] 레이어를 Ctrl+클릭하여 모두 선택한 후 [05s(5초)] 정도로 드래그합니다. [말랑말랑젤리] 레이어를 선택하고 현재 시간 표시기를 [05s(5초)]에 위치시킨 후 Ctrl+Shift+D를 눌러 레이어를 분할합니다. 분할된 레이어 중 뒷부분 레이어를 Delete를 눌러 삭제합니다.

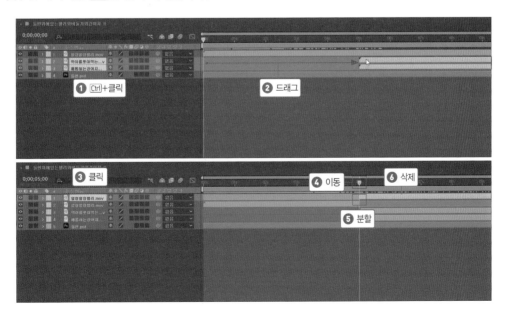

④ 이제 배경 이미지를 확대하기 위해 [들판] 레이어를 선택한 후 미리보기 화면에서 사진과 같이 레이어의 모서리 부분의 점을 클릭한 상태에서 바깥쪽으로 Shift + 드래그하여 크기를 '650%' 정도 늘려줍니다.

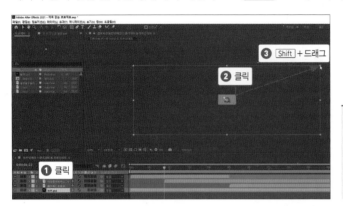

TIP [들판] 레이어를 선택한 후 S를 눌러 [비율] 수치를 '650%' 정도로 조절하여 크기를 늘리는 방법도 있습니다.

⑤ 사진과 같이 배경의 왼쪽 하단 부분이 미리보기 화면에 보이도록 클릭&드래그하여 이동시켜 줍니다. 타임라인 패널에서 [먹이를 쪼아먹는 비둘기] 레이어의 시작점이 [말랑말랑젤리]의 움직임이 끝나는 시간에 위치하도록 사진을 참고하여 옮겨줍니다.

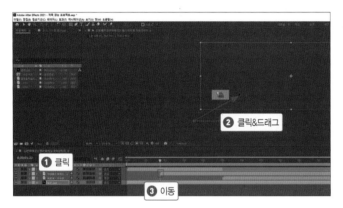

TIP [말랑말랑젤리]의 움직임이 끝나는 시간은 설정한 것에 따라 예제와 다를 수 있습니다.

⑥ [먹이를 쪼아먹는 비둘기] 레이어를 선택한 후 사진을 참고하여 미리보기 화면에서 비둘기의 부리가 젤리에 닿거나 닿기 직전의 가까운 상태에서 비둘기의 다리가 보이지 않을 정도로 크기를 키우고 위치를 조절합니다.

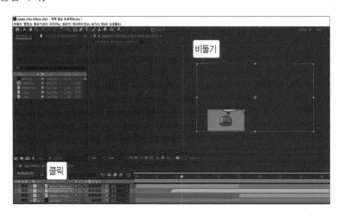

TIP 미리보기 화면에서 비둘기의 위치를 옮기면서 원하는 모습이 나오도록 크기를 조절합니다.

7 같은 방법으로 [메롱하는강아지] 레이어를 선택한 후 미리보기 화면에서 강아지가 전체 배경의 오른쪽에 위치하도록 이동시킨 다음 사진을 참고하여 비둘기보다 조금 더 크게 강아지의 크기를 키워줍니다.

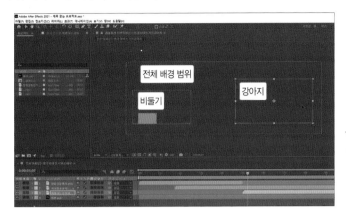

TIP 미리보기 화면이 선택된 상태에서 마우스 휠을 드래그하면 화면을 확대/축소할 수 있습니다.

8 이제 카메라 이동에 필요한 카메라 레이어를 만들어 주겠습니다. 상단 메뉴 바의 [레이어]-[새로 만들기]-[카메라]를 클릭하고 나오는 [카메라 설정] 창에서 [확인]을 클릭합니다.

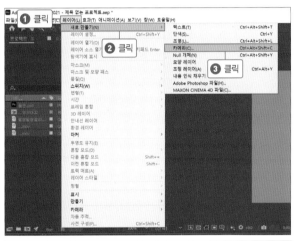

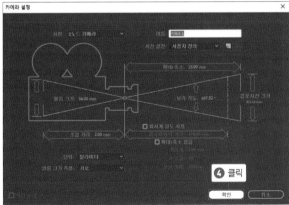

⑨ 타임라인 패널에서 카메라 레이어를 제외한 모든 레이어를 선택한 후 [3D 레이어 🔯] 버튼을 클릭하여 모든 레이어를 3D 레이어로 바꿔줍니다.

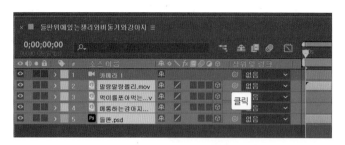

⑩ 현재 시간 표시기를 [먹이를 쪼아 먹는 비둘기] 레이어의 시작점에 위치시키고 [카메라] 레이어를 선택한 후 ❷, ❸을 클릭하여 변형 수치들을 표시하고 [관심 영역]과 [위치]의 [초시계 ⏱️]를 클릭하여 키프레임을 생성합니다.

⑪ 앞서 생성한 키프레임보다 [20f] 뒤에 현재 시간 표시기를 위치시킨 후 도구 패널의 [커서를 향해 돌리 툴 ⬇️]를 선택하고 카메라 레이어가 선택된 상태에서 미리보기 화면을 아래쪽으로 천천히 클릭&드래그하여 젤리와 비둘기가 함께 보이도록 카메라를 줌아웃합니다. 그러면 현재 시간 표시기가 위치한 시간에 키프레임이 생성됩니다.

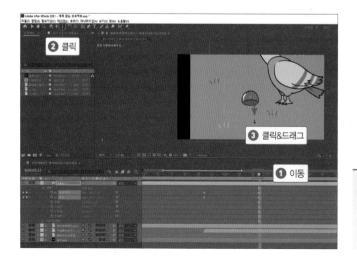

TIP [커서를 향해 돌리 툴 ⬇️]을 사용하면 카메라를 줌인/줌아웃할 수 있습니다.

⓬ 도구 패널의 [커서 아래로 이동 툴✛]을 선택한 후 카메라 레이어가 선택된 상태에서 미리보기 화면을 천천히 클릭&드래그하여 사진을 참고해 젤리와 비둘기가 화면 중앙에 나오도록 카메라를 이동합니다.

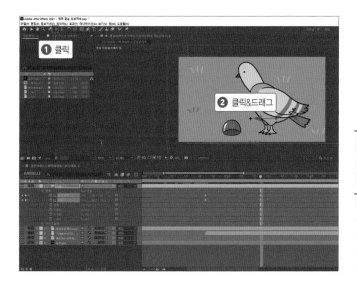

TIP 현재 시간 표시기가 이동되지 않도록 주의합니다.

TIP [커서 아래로 이동 툴✛]을 사용하면 카메라를 이동할 수 있습니다.

⓭ [커서를 향해 돌리 툴↓]과 [커서 아래로 이동 툴✛]를 사용하여 사진과 같이 젤리와 비둘기가 미리보기 화면 중앙에 위치하고 화면에 가득 차지 않고 사방에 여백을 남기되, 배경에 비어 있는 공간이 없도록 조절합니다.

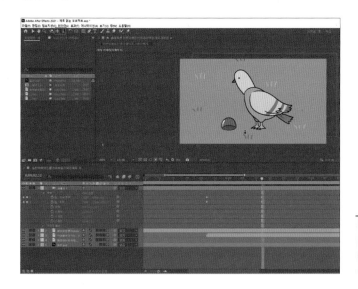

TIP 현재 시간 표시기가 이동되지 않도록 주의합니다.

⑭ 카메라를 강아지 쪽으로 이동시켜 보겠습니다. 먼저 현재 시간 표시기를 [04:13f]에 위치시키고 [카메라] 레이어의 ❷, ❸을 클릭하여 키프레임을 생성합니다. 키프레임 생성 위치(시간)는 자유롭게 설정해도 좋습니다.

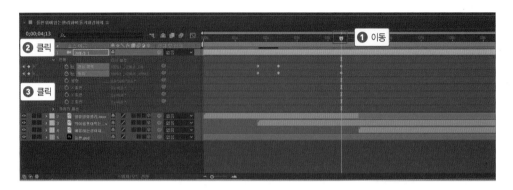

⑮ 생성한 키프레임에서 현재 시간 표시기를 [30f] 뒤에 위치시키고 [커서 아래로 이동 툴➕]을 사용하여 강아지가 있는 쪽으로 미리보기 화면을 드래그하여 강아지가 보이도록 카메라를 이동합니다.

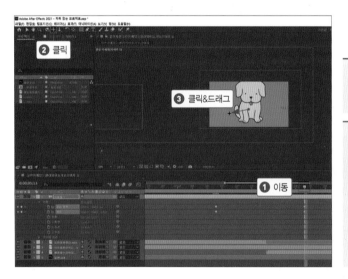

TIP 상황에 따라 시간 탐색기의 간격을 조절하면 작업이 편합니다.

TIP [커서 아래로 이동 툴➕], [커서를 향해 돌리 툴⬇]을 사용할 때 미리보기 화면에서 중앙에 가까운 곳을 클릭한 후 드래그해줍니다. 미리보기 화면 중앙과 먼 곳을 클릭할수록 카메라가 더 빨리 움직입니다.

16 [커서 향해 돌리 툴◆]과 [커서 아래로 이동 툴✦]을 사용하여 강아지가 미리보기 화면 가운데쯤에 위치하고, 미리보기 화면에서 전체 배경 중 오른쪽 윗부분이 보이고 비어있는 공간이 없도록 사진을 참고하고 카메라를 조절합니다.

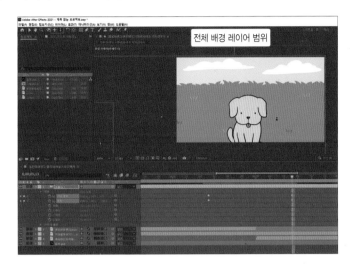

17 강아지가 미리보기 화면 아래로 내려가 있다면 [메롱하는강아지] 레이어를 선택한 후 미리보기 화면의 강아지를 클릭&드래그하여 화면 중앙으로 위치시켜 줍니다.

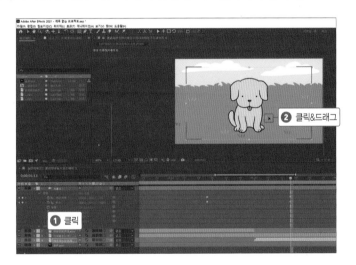

18 더욱 자연스러운 움직임을 주기 위해 [카메라] 레이어의 모든 키프레임을 드래그하여 선택한 후 선택된 키프레임에서 마우스 오른쪽 버튼을 클릭하여 [키프레임 도우미] – [천천히 들어오기 및 나가기]를 클릭합니다. 키프레임이 모래시계 모양으로 바뀐 것을 확인할 수 있습니다.

19 이제 작업 영역을 조절해 주겠습니다. '작업 영역 종료점'을 클릭한 상태에서 [08s(8초)]로 드래그하여 사진과 같이 작업 영역을 축소합니다. 이제 들판 위에 있는 젤리와 비둘기와 강아지가 완성되었습니다.

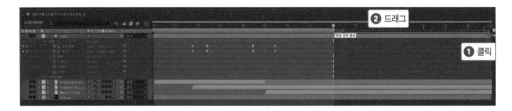

> **TIP** 작업 영역은 원하는 만큼 자유롭게 설정해도 좋습니다.

20 완성된 영상을 렌더링하기 위해서 상단 메뉴 바의 [파일] – [내보내기] – [렌더링 대기열에 추가(단축키 Ctrl + M)]를 클릭하여 렌더링을 준비합니다. [손실 없음]을 클릭하고 형식을 [QuickTime]으로 선택하고 채널을 [RGB]로 선택한 후 [확인]을 클릭합니다.

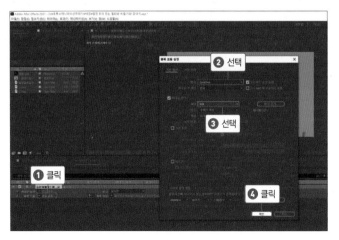

- 형식 : QuickTime
- 채널 : RGB

> **TIP** 배경이 포함된 영상이므로 반드시 채널을 [RGB]로 선택합니다.

21 영상을 저장할 경로를 설정해 주기 위해 '들판위에있는젤리와비둘기와강아지.mov'를 클릭하고 원하는 저장 경로를 선택하고 파일 이름을 입력한 후 [저장]을 클릭합니다. 렌더링 준비가 완료되었으면 [렌더링] 버튼을 클릭하여 렌더링을 진행합니다.

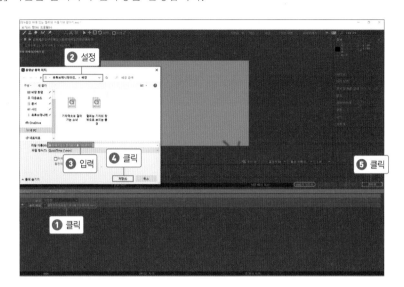

02

화면 전환
애니메이션

애프터 이펙트를 사용하여 화면 전환에 필요한 페이드, 밀어내기, 확대/축소, 책장 넘기기 애니메이션을 구현해 보도록 하겠습니다.

STEP 01

Ae

페이드

애프터 이펙트의 불투명도를 조절하여 페이드 효과를 사용해 화면을 전환하는 방법을 배워보겠습니다.

◉ **예제파일**: PART3/CHAPTER2/페이드.AEP

1 먼저 두 개의 배경 레이어가 있는 상태에서 사진을 참고하여 페이드 효과를 적용하고 싶은 시간으로 두 레이어가 겹쳐지게 해줍니다. 페이드 효과를 적용할 [빨강 배경] 레이어가 [파랑 배경] 레이어 위에 있어야 하며, 겹쳐지는 길이만큼 페이드 효과가 적용될 최대 시간이 정해집니다. 예제에서는 [30f]만큼 겹쳐놓았습니다.

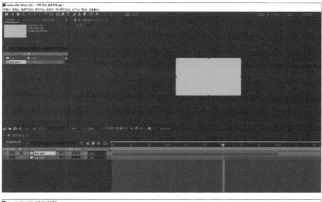

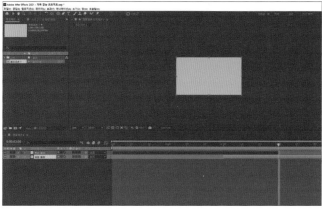

TIP 페이드 효과를 주어 사라질 레이어의 순서가 나타날 레이어 위에 있어야 합니다.

TIP 설명을 위한 예제이므로 컴포지션 설정과 레이어 만들기는 생략합니다.

2 [빨강 배경] 레이어와 [파랑 배경] 레이어가 처음 겹쳐지는 시간에 현재 시간 표시기를 위치시키고 [빨강 배경] 레이어가 선택된 상태에서 [T]를 눌러 [불투명도] 수치를 표시합니다. [초시계 ⏱]를 클릭하여 키프레임을 생성합니다.

3 현재 시간 표시기를 두 레이어가 겹쳐지는 시간의 마지막 부분으로 이동시킨 후 [빨강 배경] 레이어의 [불투명도] 수치에 '0'을 입력합니다. 현재 시간 표시기가 위치한 시간에 키프레임이 생성되며, 간단하게 페이드 효과를 만들 수 있습니다.

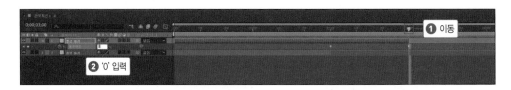

4 (1)의 키프레임을 왼쪽으로 이동하여 페이드 시간을 줄일 수도 있습니다.

Ae

밀어내기

애프터 이펙트의 [위치]와 [상위 뚝딱 툴]을 사용하여 밀어내기 효과로 화면을 전환하는 방법을
배워보겠습니다.

◉ **예제파일**: PART3/CHAPTER2/밀어내기.AEP

① 먼저 두 개의 배경 레이어가 있는 상태에서 사진을 참고하여 밀어내기 효과를 적용하고 싶은 시간으
로 두 레이어가 겹쳐지게 해줍니다. 겹쳐진 시간은 원하는 만큼 자유롭게 설정해도 좋습니다. 현재 시간
표시기를 두 레이어가 처음 겹쳐지는 시간에 위치시키고 [빨강 배경] 레이어가 선택된 상태에서 P를 눌
러 [위치] 수치를 표시한 후 [초시계 🕐]를 클릭하여 키프레임을 생성합니다.

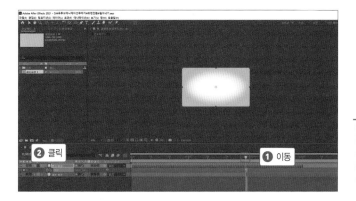

TIP 설명을 위한 예제이므로 컴포지
션 설정과 레이어 만들기는 생략
합니다.

② 현재 시간 표시기를 두 레이어가 겹쳐지는 시간의 마지막 부분으로 이동시킨 후 [빨강 배경] 레이어
의 [X축 위치 수치] 앞에 '–'를 입력합니다. 그러면 빨강 배경이 왼쪽으로 이동하여 보이지 않게 되고 뒤에
있던 파랑 배경이 보입니다.

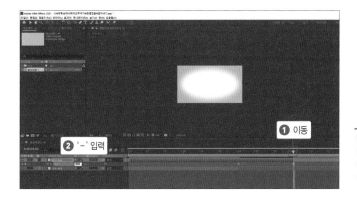

TIP [X축 위치 수치]가 '640'이라면
'-640'으로 입력합니다.

263

3 파랑 배경이 빨강 배경을 밀어내는 효과를 주기 위해 현재 시간 표시기를 [빨강 배경] 레이어가 끝나는 시간에 위치시킵니다. [파랑 배경] 레이어의 [상위 뚝딱 툴 ]을 클릭한 상태에서 [빨강 배경] 레이어에 드래그하여 [파랑 배경] 레이어를 [빨강 배경] 레이어에 연결해 줍니다. [파랑 배경] 레이어를 움직일 필요 없이 파랑 배경이 빨강 배경을 밀어내는 효과를 만들 수 있습니다.

확대/축소

애프터 이펙트의 [비율]을 사용하여 확대 효과로 화면을 전환하는 방법을 배워보겠습니다.

◉ **완성파일**: PART3/CHAPTER2/확대축소.AEP

1 먼저 두 개의 배경 레이어가 있는 상태에서 사진을 참고하여 확대 효과를 적용하고 싶은 시간으로 두 레이어가 겹쳐지게 해줍니다. 겹쳐진 시간은 원하는 만큼 자유롭게 설정해도 좋습니다. 현재 시간 표시기를 두 레이어가 처음 겹쳐지는 시간에 위치시키고 [파랑 배경] 레이어가 선택된 상태에서 ⑤를 눌러 [비율] 수치를 표시한 후 [초시계 🎬]를 클릭하여 키프레임을 생성합니다.

> **TIP** 설명을 위한 예제이므로 컴포지션 설정과 레이어 만들기는 생략합니다.

2 생성한 키프레임을 클릭한 상태에서 [빨강 배경] 레이어가 끝나는 시간으로 드래그합니다.

3 현재 시간 표시기가 [파랑 배경] 레이어의 시작점에 있는 상태에서 [파랑 배경] 레이어의 [비율] 수치에 '0'을 입력합니다.

④ 파랑 배경이 확대되면서 빨강 배경을 가려야 하므로 [파랑 배경] 레이어가 [빨강 배경] 레이어 위에 있어야 합니다. [파랑 배경] 레이어가 [빨강 배경] 레이어 아래에 있다면 [파랑 배경] 레이어를 클릭&드래 그하여 [빨강 배경] 레이어 위로 순서를 바꿔줍니다.

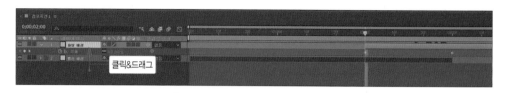

⑤ 이제 확대 효과를 이용한 화면 전환이 완성되었습니다.

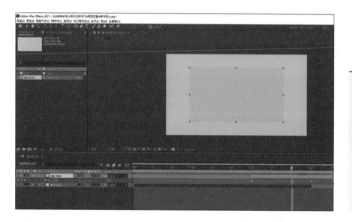

TIP 이번 예제를 응용하여 [파랑 배경] 레이어의 [비율] 수치 키프레임을 없애고 [빨강 배경] 레이어의 [비율] 수치를 조절하면 빨강 배경이 축소되면서 뒤에 있던 파랑 배경이 보이도록 할 수도 있습니다.

책장 넘기기

애프터 이펙트의 CC Page Turn 효과를 사용하여 책장을 넘기는 것처럼 화면을 전환하는 방법을 배워보겠습니다.

◉ **예제파일**: PART3/CHAPTER2/책장넘기기.AEP

① 두 개의 배경 레이어가 있는 상태에서 사진을 참고하여 책장 넘기기 효과를 적용하고 싶은 시간으로 두 레이어가 겹쳐지게 해줍니다. 겹쳐진 시간은 원하는 만큼 자유롭게 설정해도 좋습니다. 패널 모음에 있는 [효과 및 사전 설정] 패널의 검색창에서 'CC Page Turn'을 검색하고 검색된 'CC Page Turn' 효과를 클릭한 상태에서 [빨강 배경] 레이어로 클릭&드래그합니다.

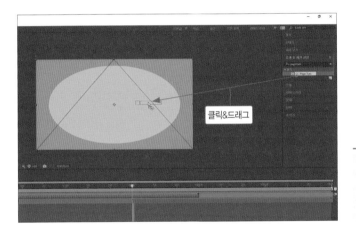

> **TIP** 설명을 위한 예제이므로 컴포지션 설정과 레이어 만들기는 생략합니다.

② [빨강 배경] 레이어를 선택하면 적용된 [효과 컨트롤] 탭을 볼 수 있습니다. 이제 현재 시간 표시기를 [파랑 배경] 레이어가 시작하는 시간으로 위치시킨 후 [효과 컨트롤] 탭에서 Controls를 'Classic UI'로 선택하고 [Fold Position]의 [초시계 ⏱]를 클릭합니다. [빨강 배경] 레이어가 선택된 상태에서 U를 누르면 생성된 키프레임이 나타납니다. 해당 키프레임을 클릭하고 미리보기 화면에서 [Fold Position] 버튼을 클릭합니다.

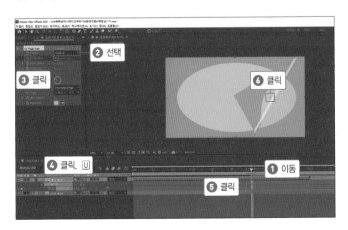

> **TIP** U 대신 상단 메뉴 바의 [애니메이션]-[키프레임이 있는 속성 표시]로도 사용할 수 있습니다.

❸ 클릭한 [Fold Position] 버튼을 미리보기 화면 오른쪽으로 드래그하여 빨강 배경 책장이 넘어가지 않은 상태가 되도록 해줍니다.

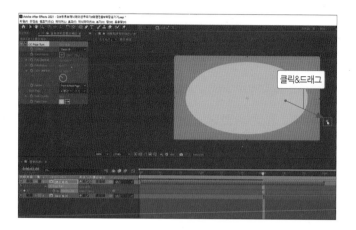

❹ 현재 시간 표시기를 [빨강 배경] 레이어가 끝나는 시간에 위치시키고 [빨강 배경] 레이어의 [Fold Position]이 선택된 상태에서 미리보기 화면의 [Fold Position] 버튼을 클릭한 후 왼쪽 상단으로 드래그하여 빨강 배경 책장이 완전히 넘어가서 보이지 않도록 해줍니다. 현재 시간 표시기의 위치에 키프레임이 생성된 것을 확인할 수 있습니다.

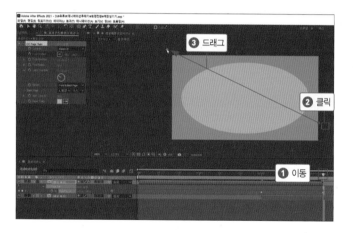

❺ 더욱 자연스러운 움직임을 주기 위해 [빨강 배경] 레이어의 모든 키프레임을 선택한 후 선택된 키프레임을 마우스 오른쪽 버튼을 클릭하여 [키프레임 도우미] - [천천히 들어오기 및 나가기]를 클릭합니다.

6 키프레임이 모래시계 모양으로 바뀐 것을 확인할 수 있습니다. 이제 책장 넘기기 효과를 이용한 화면 전환이 완성되었습니다.

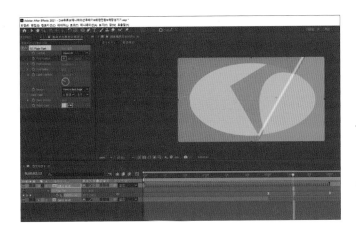

TIP [효과 컨트롤] 탭에서 옵션과 수치를 조절하면 더욱 다양한 책장 넘기기 효과를 연출할 수 있습니다.

단편 애니메이션
만들기

Chapter 1. 여러 가지 애니메이션 소스들을 하나로 연결하기

Chapter 2. 사운드 넣기

Chapter 3. 자막

Chapter 4. 유튜브 채널에 영상 업로드하기

01

여러 가지
애니메이션
소스들을 하나로
연결하기

앞에서 만들었던 [인사하는 소년], [들판 위에 있는 젤리와 비둘기와 강아지], [기차역으로 걸어가는 소녀], [달리는 기차의 창밖으로 보이는 풍경]을 모두 불러와 하나의 영상으로 자연스럽게 연결하는 방법에 대해 배워보도록 하겠습니다.

STEP 01

Ae

자연스럽게 연결하기

◉ **예제파일**: PART2/CHAPTER4/인사하는소년.MOV, PART3/CHAPTER1/들판 위에 있는 젤리와 비둘기와 강아지.MOV, 기차역으로 걸어가는 소녀.MOV, 달리는 기차의 창밖으로 보이는 풍경.MOV, PART4/CHAPTER1/자연스럽게 연결하기.AEP
◉ **완성파일**: PART4/CHAPTER1/자연스럽게 연결하기.MOV

① 애프터 이펙트를 실행하고, [인사하는 소년], [들판 위에 있는 젤리와 비둘기와 강아지], [기차역으로 걸어가는 소녀], [달리는 기차의 창밖으로 보이는 풍경] 영상 파일을 프로젝트 패널로 불러옵니다. 자동으로 생성된 컴포지션이 없으므로 작업에 앞서 컴포지션을 만들어 보겠습니다. 상단 메뉴 바의 [컴포지션]-[새 컴포지션(단축키 Ctrl + N)]을 클릭한 후 [컴포지션 설정] 창의 옵션들을 아래의 값을 참고하여 설정해 주고 [확인]을 클릭합니다.

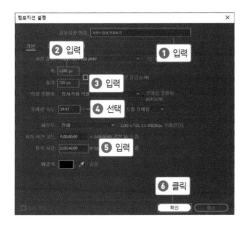

컴포지션 이름 : 자연스럽게 연결하기
· 폭 : 1280
· 높이 : 720
· 프레임 속도 : 29.97
· 지속 시간 : 0;00;40;00

② 프로젝트 패널에 있는 [인사하는소년], [들판 위에 있는 젤리와 비둘기와 강아지], [기차역으로 걸어가는 소녀], [달리는 기차의 창밖으로 보이는 풍경] 영상 파일을 모두 선택한 후 타임라인 패널로 드래그하여 영상들을 불러옵니다.

③ 불러온 영상들의 레이어 순서를 사진과 같이 변경합니다. 먼저 [들판 위에 있는 젤리와 비둘기와 강아지] 영상에서 [기차역으로 걸어가는 소녀] 영상으로의 화면 전환을 위해 [기차역으로 걸어가는 소녀] 레이어 막대를 클릭&드래그하여 [들판 위에 있는 젤리와 비둘기와 강아지] 레이어 위로 사진과 같이 [15f] 정도 겹쳐줍니다. 나머지 레이어들은 편리한 작업을 위해 레이어 막대를 클릭&드래그하여 잠시 뒤로 옮겨줍니다.

TIP 겹치는 시간은 원하는 만큼 설정해도 좋습니다.

④ [기차역으로 걸어가는 소녀]를 선택하고 레이어가 시작하는 부분에 현재 시간 표시기를 위치시킨 후 ⑤를 눌러 비율 수치를 표시하고 [초시계 ⑥]를 클릭하여 키프레임을 생성합니다.

TIP 상황에 따라 시간 탐색기의 간격을 조절하면 작업이 편합니다.

⑤ 생성한 키프레임을 클릭&드래그하여 [들판 위에 있는 젤리와 비둘기와 강아지] 레이어가 끝나는 지점으로 이동합니다. 현재 시간 표시기가 [기차역으로 걸어가는 소녀] 레이어의 시작점에 위치한 상태에서 [비율] 수치에 '0'을 입력하고 Enter↵를 눌러서 키프레임을 생성합니다. 간단하게 확대 효과 화면 전환을 만들 수 있습니다.

6 [기차역으로 걸어가는 소녀] 영상이 [달리는 기차의 창밖으로 보이는 풍경] 영상을 밀어내는 화면 전환을 만들어 보겠습니다. [달리는 기차의 창밖으로 보이는 풍경] 레이어 막대를 클릭&드래그하여 [기차역으로 걸어가는 소녀] 레이어 위로 [30f] 정도 겹쳐줍니다. [달리는 기차의 창밖으로 보이는 풍경] 레이어가 시작하는 부분에 현재 시간 표시기를 위치시키고 [기차역으로 걸어가는 소녀] 레이어를 선택한 후 P를 눌러 [위치] 수치를 표시하고 [초시계 ☉]를 클릭하여 키프레임을 생성합니다.

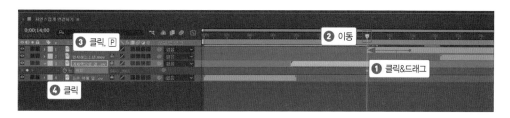

7 현재 시간 표시기를 [기차역으로 걸어가는 소녀] 레이어가 끝나는 부분에 위치시키고, 선택한 레이어가 미리보기 화면 오른쪽 바깥으로 이동하도록 [X축 위치] 수치에 '1920'을 입력한 후 Enter↵를 눌러서 키프레임을 생성합니다.

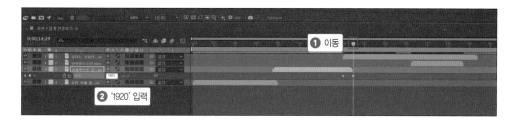

8 [달리는 기차의 창밖으로 보이는 풍경] 레이어의 [상위 뚝딱 툴]을 [기차역으로 걸어가는 소녀] 레이어로 클릭&드래그하여 연결합니다. 이때 현재 시간 표시기가 [기차역으로 걸어가는 소녀] 레이어가 끝나는 부분에 위치해야 합니다. 이제 밀어내기 화면 전환이 완성되었습니다.

⑨ 이제 [달리는 기차의 창밖으로 보이는 풍경]에서 [인사하는소년]으로 책장 넘기기 효과를 사용하여 화면 전환을 만들어 보겠습니다. [효과 및 사전 설정] 패널의 검색창에서 'CC Page Turn'을 검색하고 검색된 'CC Page Turn' 효과를 [달리는 기차의 창밖으로 보이는 풍경] 레이어로 클릭&드래그합니다.

TIP 해당 레이어를 선택하면 프로젝트 패널에서 [효과 컨트롤] 탭을 볼 수 있습니다.

⑩ 현재 시간 표시기를 [인사하는소년] 레이어의 시작점으로 위치시킨 후 [효과 컨트롤] 탭에서 Controls를 'Classic UI'로 선택하고 [Fold Position]의 [초시계🕐]를 클릭하고 미리보기 화면에서 [Fold Position] 버튼을 클릭합니다. 클릭한 [Fold Position] 버튼을 미리보기 화면 오른쪽으로 드래그하여 책장이 넘어가지 않은 상태가 되도록 해줍니다.

⑪ 현재 시간 표시기를 [달리는 기차의 창밖으로 보이는 풍경] 레이어가 끝나는 시간에 위치시키고 레이어의 [Fold Position]이 선택된 상태에서 미리보기 화면의 [Fold Position] 버튼을 클릭한 후 왼쪽 상단으로 드래그하여 책장이 완전히 넘어가서 보이지 않도록 해줍니다. 현재 시간 표시기의 위치에 키프레임이 생성되는 것을 확인할 수 있습니다. 이제 책장 넘기기 효과를 이용한 화면 전환이 완성되었습니다.

TIP [달리는 기차의 창밖으로 보이는 풍경] 레이어를 선택하고 U를 누르면 생성된 키프레임이 표시됩니다.

⑫ 타임라인 패널을 클릭하고 Ctrl + A를 눌러 모든 레이어를 선택한 후 U를 눌러 모든 키프레임을 표시합니다. 모든 키프레임을 드래그하여 선택합니다.

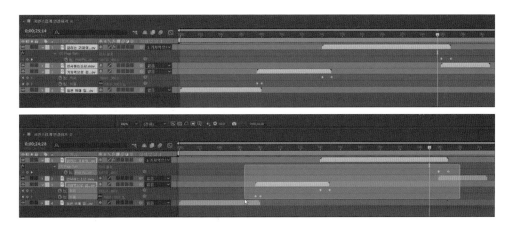

⑬ 더욱 자연스러운 움직임을 주기 위해 선택된 키프레임에서 마우스 오른쪽 버튼을 클릭한 후 [키프레임 도우미] - [천천히 들어오기 및 나가기]를 클릭합니다. 키프레임이 모래시계 모양으로 바뀐 것을 확인할 수 있습니다.

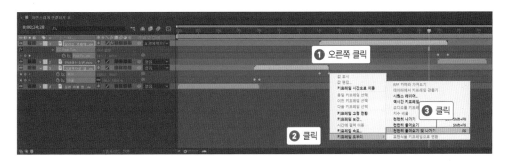

⓮ [인사하는소년]에 단색 배경을 넣어주겠습니다. 상단 메뉴 바의 [레이어]-[새로 만들기]-[단색]을 클릭합니다. [단색 설정] 창에서 색상 박스를 클릭하여 [단색 색상 피커] 창을 띄우고 원하는 색상을 클릭&드래그하여 선택한 후 [확인]을 클릭합니다.

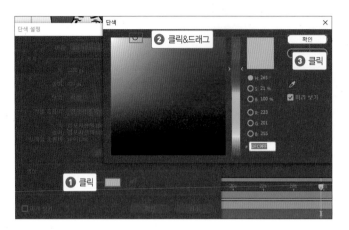

⓯ 현재 시간 표시기를 [인사하는소년] 레이어가 시작하는 곳에 위치시키고 생성된 [단색 배경] 레이어를 선택한 후 Ctrl+Shift+D를 눌러 레이어를 분할합니다. 분할된 레이어의 앞부분을 선택하고 Delete를 눌러 삭제합니다.

⓰ 만약 '인사하는 소년'의 위치가 미리보기 화면 가운데에 있지 않다면 [격자 및 안내선 옵션 선택 🖦]에서 [제목/작업 보호]를 클릭하여 안내선을 표시하고 미리보기 화면에서 [인사하는소년] 레이어를 클릭&드래그하여 사진과 같이 위치를 조절할 수 있습니다.

⑰ 이제 작업 영역을 조절해 주겠습니다. '작업 영역 종료점'을 클릭한 상태에서 [인사하는소년] 레이어가 끝나는 시간으로 드래그하여 사진과 같이 작업 영역을 축소합니다. 이제 자연스럽게 연결한 영상이 완성되었습니다.

⑱ 완성된 영상을 렌더링하기 위해서 상단 메뉴 바의 [파일]-[내보내기]-[렌더링 대기열에 추가(단축키 Ctrl + M)를 클릭하여 렌더링을 준비합니다. [손실 없음]을 클릭하고 형식을 [QuickTime]으로 선택하고 채널을 [RGB]로 선택한 후 [확인]을 클릭합니다.

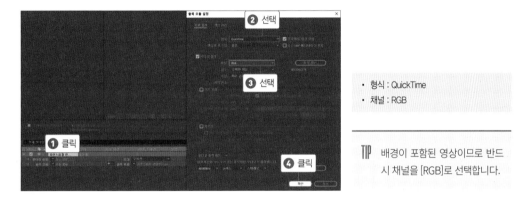

· 형식 : QuickTime
· 채널 : RGB

TIP 배경이 포함된 영상이므로 반드시 채널을 [RGB]로 선택합니다.

⑲ 영상을 저장할 경로를 설정해 주기 위해 '자연스럽게 연결하기.mov'를 클릭하고 원하는 저장 경로를 선택하고 파일 이름을 입력한 후 [저장]을 클릭합니다. 렌더링 준비가 완료되었으면 [렌더링] 버튼을 클릭하여 렌더링을 진행합니다.

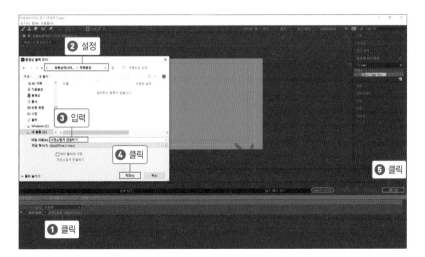

02

사운드 넣기

영상에서 사운드는 절대 빼놓을 수 없는 요소입니다. 이번 장에서는 영상
에 필요한 더빙을 하는 방법, 무료 BGM과 효과음을 다운로드 받는 방법,
애프터 이펙트에서 사운드 파일을 삽입하는 방법에 대해 배워보도록 하겠
습니다.

더빙하는 방법

유튜브 애니메이션 속의 캐릭터들이 대화를 나누거나 혼잣말을 하는 경우 (내레이션) 더빙 작업이 필요합니다. 더빙이 부담스러울 경우, 자동 음성 프로그램을 사용하여 대본을 작성하고, 완성된 AI 목소리를 넣어서 사용하는 방법도 있습니다. 하지만 자연스러운 발음이나 톤이 나오지 않기 때문에 시청자 입장에서는 다소 부자연스럽다고 느낄 수 있습니다. 가상의 목소리보다는 자신의 목소리를 넣어서 사용하는 것이 훨씬 더 자연스럽고, 감정을 드러내기에 좋습니다. 이때, 연기 톤이 어색하게 느껴진다면 음성 변조 기능과 속도 조절 기능을 사용해도 괜찮습니다.

| 컴퓨터에 녹음하기

컴퓨터에 더빙 장비(핀 마이크 또는 마이크, 이어폰)를 연결한 후, 목소리를 녹음하는 방법입니다. 이때 사용하기 좋은 프로그램은 곰 녹음기, 프리미어 프로의 자체 녹음 기능, 맥의 경우는 기본 녹음기를 추천합니다.

| 핸드폰에 녹음하기

핸드폰에 더빙 장비(핀 마이크 또는 마이크, 마이크가 탑재된 이어폰)를 연결한 후 목소리를 녹음하는 방법입니다. 녹음 앱을 따로 다운받아서 사용하게 되면 광고가 많고, 유료 결제를 해야 하는 경우가 많습니다. 오히려 기본 녹음 앱을 사용하여 녹음하는 것이 편리하고 좋습니다. 또는 영상 촬영 후 영상에 들어가는 목소리 파일을 따로 추출하여 사용하는 방법도 간편하고 좋습니다. 영상을 촬영할 경우 일반적인 음성 녹음보다 음향이 좀 더 풍부하게 들어갑니다.

| AI 목소리 사용하기

인터넷에서 제공되는 AI 목소리에 대본을 입력한 후 음성 파일로 추출하여 사용하는 방법입니다. 다소 부자연스러울 수 있습니다. 하지만 도저히 자신의 목소리로 무언가를 하기에 부담스러운 분들에게는 추천합니다.

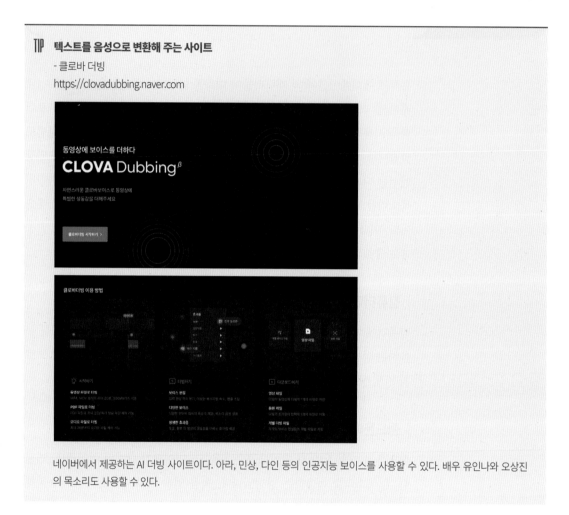

네이버에서 제공하는 AI 더빙 사이트이다. 아라, 민상, 다인 등의 인공지능 보이스를 사용할 수 있다. 배우 유인나와 오상진의 목소리도 사용할 수 있다.

BGM, 효과음 다운로드

저작권 문제가 없는 BGM과 효과음을 다운로드받는 방법에는 대표적으로 '유튜브 오디오 라이브러리'에서 제공하는 음원 소스를 사용하는 방법이 있습니다. 해당 링크에 접속하여 원하는 음악을 재생해 보고, 마음에 든다면 다운로드 받은 후 영상에 삽입해 주시면 됩니다.

▲ 유튜브 오디오 라이브러리

유튜브 오디오 라이브러리(오디오 보관함)
[YouTube] 접속-[YouTube 스튜디오] 클릭-[오디오 보관함] 클릭

유튜브 오디오 라이브러리에는 무료 음악, 음향 효과 자료가 1천여 개 이상 준비되어 있으며, 자유롭게 다운로드할 수 있게 되어 있습니다. 이곳에 있는 음악은 무료로 자유롭게 사용이 가능하고, 수익 창출도 가능합니다. 하지만 CC 표시가 있는 음악의 경우, 영상 정보란에 저작권자에 관한 정보를 남기고 사용해야 합니다.

오디오 보관함

무료 음악   음향 효과   별표표시

▽ 저작자 표시 필요 ⊗

		트랙 제목	장르	분위기	아티스트	길이	라이선스 유형	추가된 날짜 ↓
▷	☆	Merry Go - Silent Film Light	클래식	밝음	Kevin MacLeod	2:00	ⓒⓒ	2016년 4월
▷	☆	Mermaid	앰비언트	어두움	Kevin MacLeod	4:27	ⓒⓒ	2016년 4월
▷	☆	Measured Paces	앰비언트	어두움	Kevin MacLeod	1:12	ⓒⓒ	2016년 4월
▷	☆	Martian Cowboy	앰비언트	어두움	Kevin MacLeod	2:58	ⓒⓒ	2016년 4월
▷	☆	Mariachi Snooze	컨트리/포크	행복	Kevin MacLeod	0:40	ⓒⓒ	2016년 4월
▷	☆	Malt Shop Bop	락	행복	Kevin MacLeod	2:46	ⓒⓒ	2016년 4월
▷	☆	Stanley Sharke	댄스/일렉트로...	밝음	Twin Musicom	2:52	ⓒⓒ	2016년 4월
▷	☆	Winter Ride	팝	행복	Twin Musicom	3:13	ⓒⓒ	2016년 4월

▲ 저작자 표시가 필요한 음악들 - 라이선스 유형에 CC 표시가 나와 있음

오디오 보관함

무료 음악   음향 효과   별표표시

▽ 보관함 검색 또는 필터링

		트랙 제목	장르	분위기	아티스트	길이	라이선스 유형	추가된 날짜 ↓
▷	☆	19th Floor	댄스/일렉트로...	어두움	Bobby Rich...	2:01	▶	2020년 12월
▷	☆	Breatha	댄스/일렉트로...	어두움	josh pan	3:04	▶	2020년 12월
▷	☆	Awful	힙합/랩	어두움	josh pan	3:37	▶	2020년 12월
▷	☆	Voices	앰비언트	어두움	Patrick Patr...	2:33	▶	2020년 12월
▷	☆	Stairway	앰비언트	행복	Patrick Patr...	2:56	▶	2020년 12월
▷	☆	Piano Trap Beethoven	힙합/랩	어두움	josh pan	3:14	▶	2020년 12월

▲ 저작자 표시가 필요하지 않은 음악들 - 라이선스 유형에 유튜브 아이콘이 나와 있음

STEP 03

Ae
사운드 넣기

◉ **예제파일**: PART4/CHAPTER2/사운드넣기.AEP, Infiltration_Device.MP3, Suction_
Cup_Pull.MP3

① 애프터 이펙트를 실행하고, 상단 메뉴 바의 [파일] – [프로젝트 열기]를 클릭하여 사운드를 넣을 프로
젝트 파일을 불러옵니다. 그런 다음 바탕 화면에서 사운드 파일이 들어 있는 폴더를 열어 사운드 파일을
애프터 이펙트의 프로젝트 패널로 클릭&드래그하여 불러옵니다.

TIP 예제에서는 '말랑말랑젤리' 프로
젝트 파일을 불러왔습니다.

② 프로젝트 패널에 불러온 사운드 파일을 타임라인 패널로 클릭&드래그합니다.

TIP 사운드 레이어의 순서는 상관이
없습니다.

③ 타임라인 패널에서 사운드 레이어의 위치를 조절하거나 레이어를 선택한 후 현재 시간 표시기를 원하는 위치로 옮기고 [Ctrl]+[Shift]+[D]를 눌러 레이어를 분할하여 원하는 부분의 사운드만 사용할 수도 있습니다.

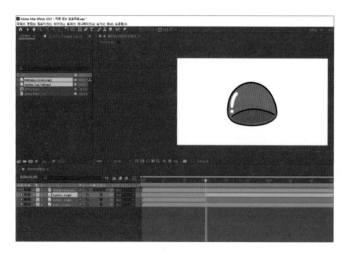

④ 사운드 레이어의 ❶, ❷, ❸을 차례로 클릭하면 사운드 파형을 볼 수 있습니다. [오디오 레벨]의 [초시계 ⏱]를 클릭하여 키프레임을 생성하거나 볼륨을 조절할 수도 있습니다.

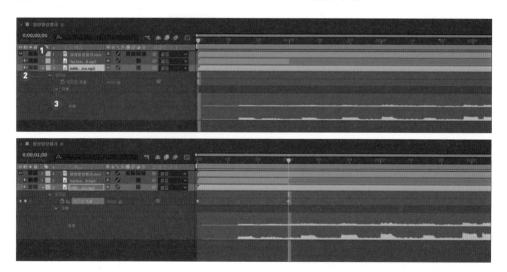

⑤ 사운드가 담긴 영상을 렌더링할 때는 [출력 모듈 설정] 창에서 [오디오 출력]을 설정해 주어야 합니다.

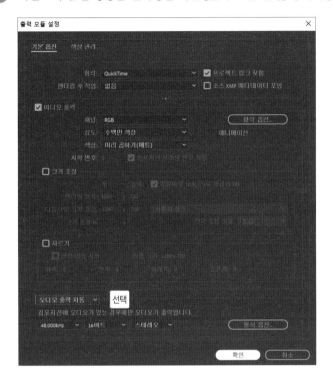

자막

애프터 이펙트의 [가로 문자 도구]를 이용하여 간단하게 자막을 넣는 방법
을 배워봅니다.

자막 넣기

◉ **예제파일**: PART4/CHAPTER3/자막넣기.AEP

1 도구 패널의 [가로 문자 도구 **T**]를 클릭하고 미리보기 화면에서 원하는 위치를 클릭하면 자동으로 [텍스트] 레이어가 생성됩니다. [텍스트] 레이어가 활성화된 상태에서 키보드로 미리보기 화면에서 글씨를 입력할 수 있습니다.

2 글씨를 입력한 후 도구 모음 패널에 생긴 [문자] 패널을 조절하여 글씨체나 크기, 색상 등을 변경할수 있습니다. 이미 입력한 글씨를 변경할 때는 글씨를 드래그하여 모두 선택한 후 [문자] 패널을 조작해야합니다.

❸ 다시 도구 패널의 [선택 도구 ▶]를 클릭하여 미리보기 화면에 있는 자막을 클릭&드래그하여 원하는 위치로 이동시키거나 자막 모서리의 빨간 점을 클릭하여 크기를 조절할 수 있습니다. 크기를 조절할 때 Shift 를 누른 상태로 조절하면 원본 비율이 유지됩니다.

❹ 타임라인 패널에서 [텍스트] 레이어를 선택하고 현재 시간 표시기를 원하는 위치로 이동시킨 후 Ctrl + Shift + D 를 눌러 레이어를 분할하여 자막을 끊어주거나 사진과 같이 분할된 레이어를 선택한 후 미리보기 화면에서 자막을 클릭&드래그하여 다른 곳으로 이동시킬 수 있습니다.

5 자막을 더블클릭하여 내용을 수정할 수도 있습니다.

6 이와 같은 방법을 반복하여 영상에 간단하게 자막을 넣어줄 수 있습니다.

04

유튜브 채널에 영상 업로드하기

완성된 영상을 유튜브 채널에 업로드하는 과정을 소개합니다. 유튜브에 영상을 올리기 위해서는 자신의 유튜브 채널이 있어야 하며, 채널을 생성하기 위해서는 구글 계정이 필요하므로 회원 가입 과정을 마친 후에 진행해 주시길 바랍니다.

유튜브에 영상 올리기

① YouTube 사이트에 접속합니다. [로그인] 버튼을 클릭하여 구글 계정으로 로그인을 합니다.

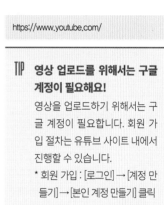

https://www.youtube.com/

TIP 영상 업로드를 위해서는 구글 계정이 필요해요!

영상을 업로드하기 위해서는 구글 계정이 필요합니다. 회원 가입 절차는 유튜브 사이트 내에서 진행할 수 있습니다.

* 회원 가입 : [로그인]→[계정 만들기]→[본인 계정 만들기] 클릭

② 로그인이 되었다면 오른쪽 상단에 있는 [만들기 추가 ■] 버튼을 클릭합니다.

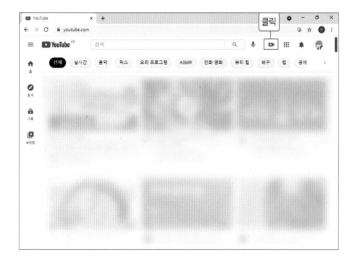

❸　동영상 업로드 창이 뜨면 가운데에 있는 [파일 선택] 버튼을 클릭하여 업로드하고자 하는 영상을 첨부합니다.

❹　세부정보를 입력하고 [다음] 버튼을 클릭합니다. 이때 아래에 있는 '아동용 영상입니까?'라는 질문에는 '아니오, 아동용 영상이 아닙니다.'를 체크한 후 [다음]을 클릭합니다. (아동용 영상일 경우, [예]를 체크합니다.)

❺ [수익 창출]을 원할 경우 수익 창출 '사용'을 선택하고, 사용하지 않을 경우 '사용 안함'을 선택합니다. 모든 설정이 완료되었다면, [다음] 버튼을 클릭합니다.

TIP 유튜브 수익 창출 자격 요건에
관한 정보 확인하기
https://support.google.com/
youtube/answer/72851?hl=ko

❻ 동영상 요소(자막, 최종화면, 카드)를 추가하는 화면입니다. [추가] 버튼을 클릭하면 사용자가 자유롭게 추가/수정할 수 있습니다. 저는 따로 추가하지 않고, 업로드하겠습니다. 아래의 [다음] 버튼을 클릭합니다.

7 검사 결과를 확인하는 창입니다. 수익 창출을 제한할 수 있는 저작권 문제가 있는지, 유해한 요소가 있는지에 관한 검사 결과가 나오게 됩니다. 별다른 문제가 없다면 [다음] 버튼을 클릭합니다.

8 공개 상태를 설정하는 화면입니다. 여기서 비공개, 일부 공개, 공개, 예약 중 한 가지의 형태를 선택할 수 있습니다. 저는 [일부 공개]를 선택하여, 미공개 업로드를 진행하도록 하겠습니다. 아래의 [저장] 버튼을 클릭합니다.

9 영상이 업로드되었습니다. 영상을 확인하고 싶다면 영상 위에 마우스를 올린 뒤, [옵션] 버튼을 클릭합니다. 활성화되는 메뉴에서 [YouTube에서 보기] 버튼을 클릭합니다.

TIP **업로드 형태의 차이를 알고 싶어요!**
- 비공개 : 영상이 비공개로 업로드되며, 계정 관리자만 영상을 확인할 수 있습니다.
- 일부 공개 : 링크가 생성되며, 링크를 가지고 있는 사람들만 시청할 수 있게 됩니다.
- 공개 : 영상이 바로 공개됩니다. 추후 비공개, 일부 공개로 변경할 수 있습니다.
- 예약 : 원하는 날짜에 영상을 업로드하도록 예약을 걸어두는 기능입니다.

⑩ 업로드된 영상을 확인할 수 있습니다.

⑪ 영상을 [공개] 형태로 전환하고 싶다면, 유튜브 스튜디오에 다시 돌아가서 전환을 원하는 영상의 오른쪽에 표시되어 있는 [일부 공개] 버튼을 클릭합니다.

TIP **[공개] 업로드에 주의하세요!**

영상을 [공개] 형태로 업로드하게 되면, 채널 구독자에게 영상 업로드 알림이 전송됩니다. 업로드 전 영상에 문제가 없는지 꼼꼼히 확인하는 과정이 필요합니다. 이러한 실수를 줄이기 위해, [일부 공개] 업로드 후에 [공개] 상태로 전환하는 것이 좋습니다.

TIP **영상 삭제는 신중하게 생각하세요!**

유튜브에 업로드한 영상을 삭제했을 경우, 다시 복원할 수 있는 방법이 없습니다. 동영상 삭제를 하기 전에 원본 영상을 다운로드하여 분실을 막거나, [비공개]로 전환하여 나만 볼 수 있도록 관리하는 것도 좋은 방법입니다.

12 활성화되는 메뉴에서 [공개]의 라디오 버튼을 체크합니다. [게시] 버튼을 클릭하면 영상이 유튜브 채널에 공개적으로 업로드됩니다.

05

부록

Chapter 1. 애프터 이펙트 환경 설정
Chapter 2. 애프터 이펙트 상황별 대처법

01

애프터 이펙트
환경 설정

애프터 이펙트의 [환경 설정] 창을 통해 작업 환경 옵션을 변경해 줄 수 있습니다. 기본 설정으로 사용해도 문제가 없지만 대표적으로 몇 가지의 옵션에 대해 설명해 보겠습니다.

환경 설정하기

환경 설정 옵션을 조절하여 원하는 작업 환경을 만들어 봅니다.

① 먼저 [환경 설정] 창을 여는 방법을 배워보겠습니다. 상단 메뉴 바의 [편집] – [환경 설정] – [일반]을 클릭하면 [환경 설정] 창이 뜹니다.

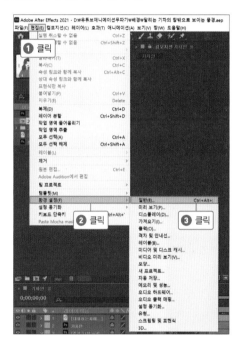

② [환경 설정] 창의 왼쪽 메뉴에서 다양한 환경 설정 옵션을 볼 수 있습니다.

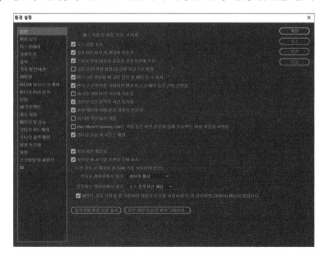

❸ 환경 설정 메뉴의 '레이블'을 클릭하면 레이어 색상 목록의 색상이나 이름을 변경할 수 있습니다. 기본적으로 설정된 색 외에 다른 색을 사용하고 싶다면 각 색상 박스를 클릭하여 색상을 변경한 후 [확인]을 클릭하여 변경 사항을 저장합니다.

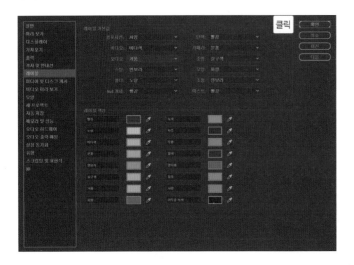

❹ 환경 설정 메뉴의 '모양'을 클릭하면 애프터 이펙트 화면의 명도나 옵션 수치의 밝기 등을 자유롭게 조절할 수 있습니다. 수치 조절 후 [확인]을 클릭하면 저장됩니다.

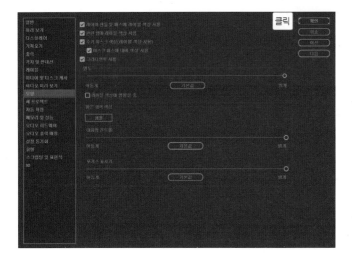

⑤ 환경 설정 메뉴의 '자동 저장'을 클릭하면 지정 시간마다 자동으로 프로젝트를 저장해 주는 기능을 활성화/비활성화할 수 있습니다. [저장 간격] 수치를 조절하여 자동 저장이 이루어지는 시간을 조절하거나 [자동 저장 위치] 옵션에서 자동으로 저장된 프로젝트 파일이 생성되는 위치를 변경해 줄 수도 있습니다.

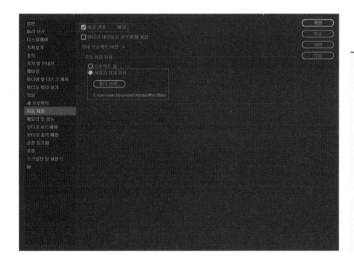

TIP 이 기능을 사용하면 저장하는 것을 잊고 있을 때도 자동으로 저장이 되어 혹시 모를 불상사를 예방할 수 있습니다. 하지만 작업 도중 자동 저장 시간이 되어 갑자기 자동 저장이 된다면 컴퓨터 환경에 따라 순간적으로 애프터 이펙트 화면이 멈추거나 응답 없음이 발생할 수도 있으므로 주의해야합니다.

02

애프터 이펙트
상황별 대처법

애프터 이펙트를 사용하거나 관련 작업 도중 발생할 수 있는 상황별 간단한 대처법을 정리했습니다.

STEP 01

렌더링한 영상이 재생되지 않을 때

예제대로 렌더링을 설정하고 렌더링한 뒤, 렌더링한 후 재생해 보려 했더니 영상이 재생되지 않거나 재생할 수 없는 영상이라는 메시지가 뜬다면 [QuickTime]을 설치해야 합니다. [QuickTime]은 MOV 형식 파일을 재생하기 위해 미국 애플사가 만든 프로그램입니다.

❶ [QuickTime] 설치 방법에 대해 배워보도록 하겠습니다. 웹 브라우저를 실행하고 검색창에 '퀵타임'을 입력하고 검색한 후 [Apple 지원 다운로드] 페이지를 클릭합니다.

❷ 다운로드 페이지에서 컴퓨터의 운영체제에 맞는 버전의 [QuickTime]을 다운로드하고, 받은 파일을 실행합니다.

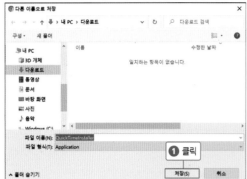

③ 순서대로 설치를 진행합니다. 설치 유형이나 체크리스트, 설치 경로는 원하는 대로 설정해 줍니다.

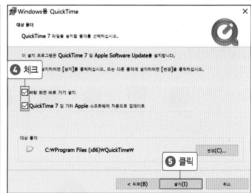

④ [QuickTime] 설치가 완료되면 애프터 이펙트로 렌더링했던 영상을 실행해 봅니다. 만약 다음과 같은 창이 뜬다면 [예]를 클릭합니다.

⑤ 영상이 정상적으로 재생되는 것을 확인할 수 있습니다.

STEP 02

Ae

미리보기 화면이 갑자기 안 보일 때

애프터 이펙트의 미리보기 화면이 어느 순간 갑자기 보이지 않는다면 CapsLock 이 활성화되어 있는지 확인해 봅니다. CapsLock 이 활성화되면 미리보기 화면이 새로 고침되지 않아 화면이 안 보이게 됩니다. 이런 경우, CapsLock 을 눌러 CapsLock 을 비활성화해 주면 미리보기 화면이 정상적으로 보이게 됩니다.

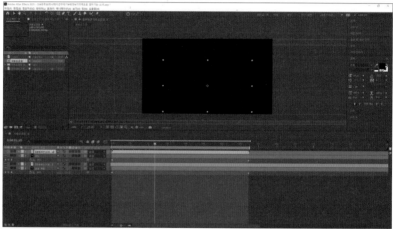

Ae

미리보기 화면 재생 시 버벅거림이 점점 심해질 때

애프터 이펙트 작업 시 미리보기 화면의 프레임이 자동으로 렌더링(캐시)되어 디스크 캐시 폴더에 저장됩니다. 이는 미리보기 화면을 재생했을 때 더 빠른 실시간 미리보기를 가능하게 하는 기능입니다. 하지만 이러한 캐시 파일이 쌓이게 된다면 한정적인 용량을 가지고 있는 컴퓨터의 특성상 점점 미리보기 화면 재생이 버벅거리게 됩니다. 이러한 현상이 심해진다면 [모든 메모리 및 디스크 캐시] 제거 기능을 사용해 저장된 캐시 파일을 삭제해 주면 버벅거림이 개선됩니다. 삭제 방법은 다음과 같습니다.

TIP 캐시 파일은 금방 쌓이기 때문에 한 개의 프로젝트 작업이 끝날 때마다 [모든 메모리 및 디스크 캐시 제거]를 해주면 다음 프로젝트 작업 시 좀 더 쾌적한 작업이 가능합니다.

① 타임라인 패널의 작업 영역 바 밑의 초록색 선이 실시간 렌더링(캐시)된 부분입니다. 먼저 상단 메뉴 바의 [편집] - [제거] - [모든 메모리 및 디스크 캐시]를 클릭합니다.

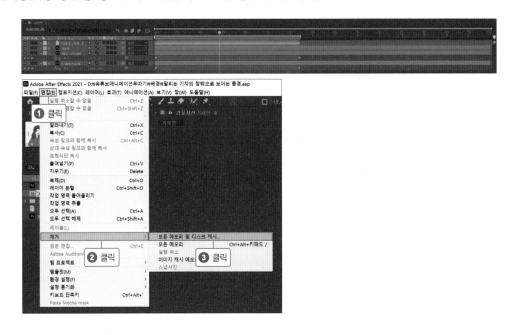

② [디스크 캐시 지우기] 창에서 [확인]을 클릭합니다.

③ 타임라인 패널의 작업 영역 바 밑의 초록색 선이 사라진 것을 확인할 수 있습니다.

④ 상단 메뉴 바의 [편집] – [환경 설정] – [미디어 및 디스크 캐시]를 클릭하면 나오는 [환경 설정] 창에서 디스크 캐시 폴더를 직접 선택하거나 최대 디스크 캐시 크기를 설정할 수 있습니다.

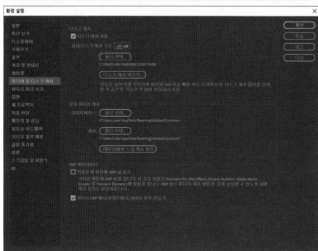

TIP 최대 디스크 캐시 크기는 기본적으로 사용자 컴퓨터 저장 공간의 10%로 설정되어 있습니다. 현재 사용자의 컴퓨터 저장 공간에 남아 있는 여유 공간에 따라 자유롭게 설정해 주면 좋습니다. 또한 가능하다면 디스크 캐시 폴더는 하드 디스크드라이브(HDD)보다는 SSD(Solid State Drive) 안의 폴더로 설정해 주는 것이 좋습니다.

Ae

의도치 않게 패널이 닫혔거나 작업 영역이 변경되었을 때

❶ 사진과 같이 애프터 이펙트 작업 중 실수로 패널 닫기를 클릭해 패널이 닫혔거나 작업 영역이 이상하게 변경되었을 경우, 작업 영역을 재설정해 줍니다.

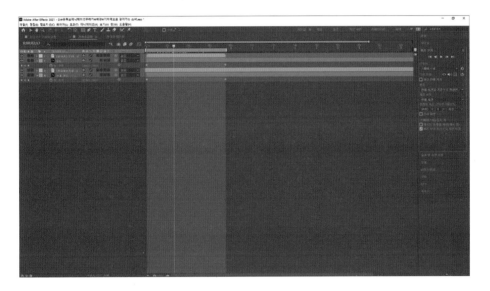

❷ 상단 메뉴 바의 [창] – [작업 영역] – [저장된 레이아웃으로 "기본값" 재설정]을 클릭합니다. 작업 영역이 기본값으로 재설정된 것을 확인할 수 있습니다.

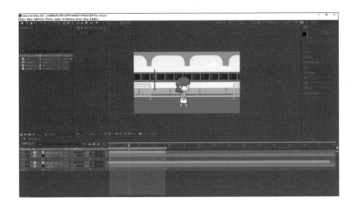

STEP 05

Ae

영상 및 이미지, 사운드 파일 경로 재설정 또는 교체

애프터 이펙트 프로젝트 패널에 불러왔던 영상, 이미지 소스, 사운드 등의 경로가 바뀌었거나 해당 영상 및 이미지, 사운드 파일을 다른 파일로 교체하고 싶을 경우, [푸티지 바꾸기]를 사용하면 됩니다. '푸티지 바꾸기' 방법은 다음과 같습니다.

① 프로젝트 패널에서 경로 재설정 또는 교체하고 싶은 파일에 마우스 오른쪽 버튼을 클릭하고 [푸티지 바꾸기] – [파일]을 클릭합니다.

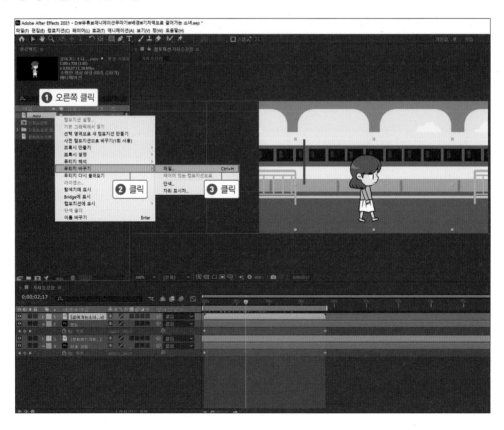

② 이후 나오는 [푸티지 파일 바꾸기] 창에서 경로 재설정 또는 교체하려는 파일을 선택하고 [가져오기]를 클릭합니다.

③ 해당 파일이 바뀐 것을 확인할 수 있습니다.

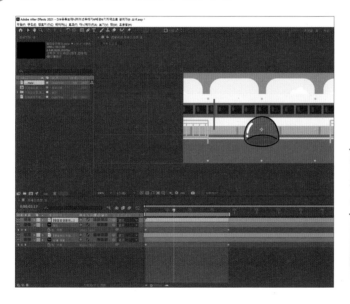

TIP 사운드 파일도 같은 방법으로 교체할 수 있습니다.

TIP 교체 전의 파일이 가졌던 레이어 속성은 교체 후 파일에도 그대로 적용됩니다.

ㄱ

강아지	108
그레이디언트 도구	051
기차	194
기차 승강장	219
기차 안	224

ㄴ

나무	233
내비게이터 패널	051
넷플릭스	016
노트	030

ㄷ~ㅁ

다른 이름으로 저장	080
대시보드	049
더빙	036
도구 패널	053
들판	217
레이어 패널	052
모양 만들기 도구	052
뮤직비디오	041
밈	017

ㅂ

브루노마스	019
블랙 프라이데이	029
비둘기	094

ㅅ

사각형 선택 윤곽 도구	051
산과 구름과 나무가 있는 풍경	231
상단 바	053
색상값	077
세로 문자 도구	052
소녀	138
소년	124
수평 문자 도구	052
스토리보드	046
스포이드 도구	051

ㅇ

아리아나 그란데	019
아웃트로	043
애프터 이펙트	026
영상툰	041
올가미 도구	051
와콤 태블릿	032
왓챠	016
위켄드	019
이동 도구	051
인트로	043
일러스트 배경	217

ㅈ

자동 선택 도구	051
자르기 도구	051
자매	160
작업 도구 패널	051
젤리	070
지우개 도구	051

ㅋ

카카오프렌즈	044
캔버스 패널	051
컴포지션 패널	053
컴퓨터	031
클립스튜디오	024

ㅌ

태블릿	032
텍스트 콘티	045

ㅍ

패러디 애니메이션	039
팬덤	017
페인트 통 도구	052
포토샵	026
프로젝트 패널	053
플리파클립	023
핀 마이크	034

ㅎ

호환성 최대화	081
효과음	036

영문

Air Drop	033
AVI	037
BGM	036
Dice	042
iMAC	031
MOV	037
QR코드	070
QuickTime	037